RSITÉ DE FRANCE — ACADÉMIE DE NANCY

THÈSE

POUR LE DOCTORAT

PRÉSENTÉE

A LA FACULTÉ DE DROIT DE NANCY

PAR

Henri DAMIN

NANCY

IMPRIMERIE ADMINISTRATIVE DE N. COLLIN

Rue de Guise, 21 (anciennement rue Saint-Pierre).

—

1868

THÈSE

POUR

LE DOCTORAT

THÈSE
POUR LE DOCTORAT

SUR LES

DONATIONS ENTRE ÉPOUX

PRÉSENTÉE

A LA FACULTÉ DE DROIT DE NANCY

PAR

HENRI DAMIN

AVOCAT A LA COUR IMPÉRIALE

L'acte public sur les matières ci-après sera soutenu le samedi, 25 avril 1868, à trois heures de l'après-midi.

Président : M. DE LA MÉNARDIÈRE, *Professeur.*

Suffragants :
MM. JALABERT ✳, *Professeur Doyen.*
LOMBARD, *Professeur.*
DUBOIS, *Professeur.*
LYON-CAEN, *Agrégé.*

Le candidat répondra en outre aux questions qui lui seront faites sur les autres matières de l'enseignement.

NANCY,
IMPRIMERIE ADMINISTRATIVE DE N. COLLIN,
Rue de Guise, 21 (ancienne rue Saint-Pierre).

1868.

FACULTÉ DE DROIT DE NANCY.

MM. JALABERT ✻, Doyen, Professeur de Code Napoléon.
PARINGAULT ✻, Professeur honoraire.
LOMBARD, Professeur de Droit commercial.
DE LA MÉNARDIÈRE, Professeur de Code Napoléon.
VAUGEOIS, Professeur de Code Napoléon.
LIÉGEOIS, Professeur de Droit administratif.
DUBOIS, Professeur de Droit romain.
LYON-CAEN, Agrégé, chargé d'un cours de Droit romain.
CAUWÈS, Agrégé, chargé du cours de Procédure civile
et de Législation criminelle.

LACHASSE, Docteur en Droit, Secrétaire agent-comptable.

La Faculté n'entend ni approuver ni désapprouver les opinions particulières du candidat ; le visa n'est donné qu'au point de vue de la morale et de l'ordre public. (Statut du 9 avril 1825 art. 41.)

MANIBUS AVIÆ MATERNÆ SACRUM

PARENTIBUS, PROPINQUIS ET AMICIS

INTRODUCTION.

C'est une question intéressante en législation que celle de savoir s'il est bon d'autoriser les donations entre époux ; mais c'est en même temps un problème des plus difficiles à résoudre. On se trouve, en effet, en présence de deux écueils : d'une part, la crainte de favoriser des libéralités arrachées par la séduction ou par l'ascendant que l'un des conjoints exerce sur l'autre, et d'un autre côté, l'extrême sévérité d'une prohibition absolue qui enlèverait aux époux la plus douce des satisfactions : celle de gratifier ceux que l'on aime. Heureusement, notre tâche n'est pas de rechercher, en cette matière, ce qui doit être ; nous nous proposons un but beaucoup plus modeste, en exposant brièvement comment le Droit romain, et, après lui, le Droit français, ont procédé pour prémunir les époux contre les élans de la passion, sans pour cela se montrer injustes à leur égard. Nous verrons les libéralités entre vifs, tour à tour permises, puis prohibées, les dispositions testamentaires constamment autorisées (1) à cause de leur caractère de révocabilité, qui laisse au donataire la faculté de se repentir. Enfin le Code Napoléon, mettant à profit les utiles enseignements du

---

(1) Si ce n'est dans quelques coutumes, comme celles de Paris et d'Orléans notamment, où le don mutuel était seul permis.

passé, permettra aux époux de se faire des donations entre vifs, à la condition toutefois que ces dernières seront essentiellement révocables ; heureuse transaction, bien préférable à la fiction établie par l'*oratio* de Sévère et d'Antonin Caracalla.

Il ne sera pas non plus sans intérêt d'étudier les restrictions apportées au droit de l'époux ayant des enfants d'une première union, et qui convole à un second ou subséquent mariage, de disposer en faveur de son nouveau conjoint. C'est au Christianisme que nous devons l'introduction, dans les lois romaines, de sages dispositions destinées à garantir les enfants du premier lit contre les libéralités inconsidérées de leur auteur survivant ; elles ont passé presque sans modification dans notre ancien Droit, et le Code Napoléon lui-même les a en partie reproduites dans son article 1098.

Enfin une fraction importante de ce travail sera consacrée à une théorie considérée, à juste titre, comme présentant de sérieuses difficultés, c'est la combinaison de la quotité disponible ordinaire avec la quotité disponible entre époux. Les nombreuses monographies qui ont paru sur cette matière, la grande quantité d'arrêts auxquels elle a donné lieu, témoignent assez des hésitations de la doctrine et de la jurisprudence.

Nous suivrons dans cet exposé une marche toute naturelle, qui consiste à diviser le sujet en trois grandes parties : La première sera consacrée à l'étude du Droit romain, la deuxième à celle de notre ancien Droit, et la dernière à celle de notre Droit actuel. Comme transition de la deuxième à la troisième partie, nous dirons quelques mots du Droit intermédiaire.

PREMIÈRE PARTIE.

DROIT ROMAIN.

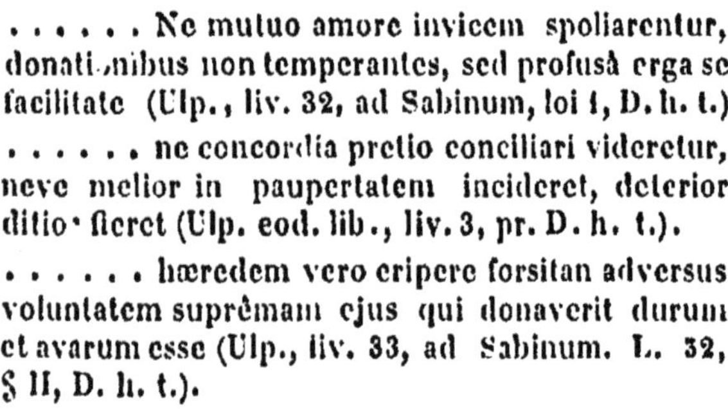

CHAPITRE PRÉLIMINAIRE.

1. Avant la découverte des fragments du Vatican, nous n'avions aucun renseignement sur la législation des donations entre époux dans l'ancien droit romain. On savait bien qu'une antique loi Cincia, rendue vers l'an 550 de Rome, avait fixé un certain taux (*modus*) que les donations entre vifs ne devaient pas dépasser ; on savait aussi que cette loi faisait exception pour certaines *personæ exceptæ*, qui pouvaient disposer *ultra modum* ; mais ce que l'on ignorait et qui nous a été révélé par

le § 302 des fragments du Vatican, c'est que parmi ces *personæ exceptæ*, figuraient les époux. Il est donc constant qu'à l'époque de cette loi, les donations entre époux étaient autorisées et même favorisées. Mais de quelles donations entre époux s'agissait-il? M. de Savigny (1) pense que la loi Cincia ne parlait que des donations *mortis causa* et *divortii causa*, qui, ainsi que nous aurons à le constater, ont toujours été vues favorablement, mais cette opinion ne nous semble guère acceptable; nous pensons, au contraire, que cette loi ne s'appliquait qu'aux donations entre vifs (2). D'ailleurs, aucun des textes qui s'y réfèrent (2) ne suppose le cas d'une donation *mortis causa*.

2. Nous n'avons pas l'intention d'étudier ici les dispositions de cette loi si remarquable; elle ne s'attache à notre sujet que d'une manière pour ainsi dire négative, puisque précisément les donations dont nous nous occupons n'étaient pas régies par elle. Qu'il nous suffise de dire que c'était une *lex imperfecta* car « *si plus donatum sit, non rescindit.* » Cependant, quand le donataire n'était pas en possession, il ne pouvait réclamer plus que le *modus*, sous peine de se voir opposer l'*exceptio legis Cinciæ*, et même s'il était en possession et que la chose fût mobilière, le donateur avait encore la ressource de l'interdit *utrubi*, si, d'ailleurs, il se trouvait dans des conditions qui lui permissent de l'exercer.

3. Indépendamment de l'*exceptio legis Cinciæ*, le § 266 des Fr. Vat., nous parle d'une *condictio indebiti* qui appartiendrait au donateur pour réclamer ce qu'il a payé *ultra modum*, mais

---

(1) Traité du droit romain, t. iv, § clxv, n° c.

(2) Ulp., Fr., t. 1, § I. — Paul sent. V-XI. — Lois 21, § I ; 23, 24, de donat. Dig., liv. 39, t. V. — Loi 8, §§ 2 et 5, Dig. de doli, mali excep., l. 44. t. 4, — et un grand nombre d'autres lois rapportées *passim* dans le Digeste. Il faut y ajouter les Fr. Vat., §§ 259, 266, 293, 294, 298 à 316.

(3) Mühlenbrüch. Doctrina Pandect., liv. 5, ch. v, § 762, et liv. 3, chapitre x, § 442.

comme *cette condictio* suppose nécessairement l'existence d'une erreur pour pouvoir être intentée, nous pensons que ce § 266 fait allusion à un cas où le donateur avait dépassé le taux de la loi par erreur de fait, par exemple, parce qu'il s'était trompé sur la véritable valeur de la chose donnée, ou qu'il a cru donner à une *persona excepta*, ou même par erreur de droit, s'il s'agit d'une des personnes qui, par exception, peuvent se prévaloir d'une semblable erreur (1).

4. Il paraît même que les préteurs et les jurisconsultes avaient fini par concéder au donateur qui avait excédé le taux de la loi Cincia une action directe contre le donataire, quand la donation avait eu lieu par délégation ; c'est ce qui résulte de la loi 21, § 1er, *in fine de donationibus*, l. 3, t. V, et de la loi 5, § V, de *doli mali excep.*, l. 44, t. IV. Ces textes, en effet, accordent au déléguant une condictio sine causâ, pour se faire restituer ce que le délégué a payé *ultra modum legis Cinciæ ;* si le payement n'a pas encore été effectué, la loi 21 permet au donateur d'intenter une action récisoire contre le débiteur délégué (2) ; cette action n'était autre, probablement, que l'action originaire du créancier, que la délégation lui avait fait perdre et qui lui était fictivement restituée. Pourquoi donc les préteurs avaient-ils cru nécessaire d'intervenir dans le cas spécial de donation par délégation ? C'est probablement parce qu'en pareille circonstance, le donateur n'a jamais l'occasion d'opposer l'exception *legis Cinciæ ;* c'est en effet le délégué qui est poursuivi et qui effectue le paiement ; d'un autre côté, ce dernier, du moins dans l'opinion des Sabiniens, (Fr. Vat., § 266), ne peut jamais se prévaloir de cette exception. Cependant, il faut bien recon-

______

(1) M. Machelard, oblig natur, p. 79, — Bruns. quid conferant, Fr. Vat., p. 128. — Conf. M. de Savigny, traité du droit rom., t. IV, § CLXV, n° D. — M. Laferrière a présenté une explication toute spéciale, t. Ier, hist. dr. Fr , appendice III.

(2) Mühlenbrüch, doctrina Pandect , liv. III, ch. X, n° 442. — Bruns. loc. cit., p. 128.

naitre que les lois précitées n'ont pas, dans le Digeste, leur véritable sens; dans l'esprit des commissaires de Justinien, elles se réfèrent aux donations faites « *ultra modum,* » c'est-à-dire excédant 500 solides, et qui n'ont pas été insinuées ; mais nous ne saurions admettre, avec certains auteurs (1), qu'elles ont été interpolées, et que la condictio sine causà et l'action rescisoire qu'elles accordent au donateur constitueraient précisément du droit nouveau.

5. Une particularité remarquable de la loi Cincia, et que nous passerions sous silence si elle ne nous fournissait l'occasion de faire un rapprochement avec la décision de l'oratio de Sévère et de Caracalla, c'est que l'*exceptio legis Cinciæ* était personnelle au donateur et s'éteignait avec lui, ce qui rendait d'une manière indirecte la donation *perfecta* par la mort du donateur, *morte Cincia removetur,* nous dit le § 259, Fr. Vat. (2). Ajoutons, en terminant ces quelques observations sur la loi Cincia, qu'aucune constitution ne l'a abrogée expressément, mais elle a dû disparaitre avec les formes solennelles de la mancipation et de l'*in jure cessio* et le développement d'une institution nouvelle, l'insinuation judiciaire qui existait déjà dans les usages romains avant que la constitution de Constance Chlore en fit une formalité nécessaire pour la validité de toute donation (1) ; peut-être aussi la constitution 5 de Legibus L. 1., T. 14, est-elle venue lui porter le dernier coup, la décision énergique de cette constitution devenant incompatible avec les subterfuges juridiques employés pour l'application de la loi Cincia.

---

(1) M. Machelard, loc. cit., p. 80.
(2) Même décision dans le § 266° in fine et dans plusieurs autres.
(3) De Savigny, *Histoire du Droit Romain,* t. 1er, § 27.

CHAPITRE PREMIER.

PROHIBITION DES DONATIONS ENTRE ÉPOUX.

SECTION I. — Motifs de la prohibition.

6. La faveur que la loi Cincia accordait aux donations entre époux présenta bientôt des dangers; à l'époque où cette loi avait été rendue la *manus* était une institution presque générale; une seule année de cohabitation continue entre les conjoints suffisait pour faire tomber la femme *in manu mariti*, et le plus souvent ce résultat s'était opéré du jour même du mariage par l'accomplissement des formalités de la *cœmptio* ou de la *confarreatio*. Cette absorption de la personnalité juridique de la femme dans celle du mari, ne laissait pas de place, on le comprend, pour les donations entre époux. C'est ainsi que l'on peut s'expliquer que dans tous les fragments des jurisconsultes que nous a transmis la compilation de Justinien, il ne soit pas dit un mot, à titre de renseignement purement historique, de l'antique législation des donations entre époux qui contraste si étrangement avec celle que nous allons voir se développer; il est même remarquable que l'auteur inconnu du manuscrit du Vatican ne parait nullement se douter de ce qu'il y a d'important dans cette exception faite en faveur des conjoints et des fiancés à la limitation de la loi Cincia, et qu'il ne parle en quelque sorte *transeundo* dans le § 302.

7. Mais quand, vers la fin de la République, s'introduisit l'usage du mariage libre qui isole complètement le patrimoine de chaque époux, surtout quand le divorce pénétra dans les mœurs, on comprit tout ce qu'il y avait de périlleux à autori-

ser ainsi ces libéralités ; la menace d'une séparation déterminait souvent le conjoint le plus riche à faire à l'autre des avantages considérables, achetant ainsi, à prix d'argent, la paix
dans le ménage « *ne concordia pretio conciliari videre-
tur* (1). Aussi, sans le secours d'aucune loi, par la force seule
des mœurs et de l'usage, les donations (2) furent-elles prohibées entre conjoints « *moribus apud nos receptum est, ne
inter virum et uxorem donationes valerent* (3). » C'est
donc une idée de protection qui a motivé cette prohibition
« *ne mutuo amore invicem spoliarentur neve melior in paupertatem incideret, deterior ditior fieret* ». Nous verrons en
effet que pour les libéralités qui ne présentaient pas les mêmes
dangers, et qui ne pouvaient s'expliquer que par l'intention
louable de l'un des époux de pourvoir, après la séparation, au
bien-être de l'autre, la prohibition ne s'appliquait plus.

Section II. — Conditions nécessaires pour l'application de la prohibition.

8. Il faut qu'il s'agisse d'une donation entre vifs faite par
l'un des époux à l'autre. Il est donc indispensable d'examiner
successivement les deux questions suivantes : 1° quand y a-t-il
donation entre vifs ? 2° quand peut-on dire que la donation est
faite entre époux.

I. QUAND IL Y A-T-IL DONATION ENTRE VIFS ?

9. Pour qu'il y ait donation entre vifs, trois conditions sont
cumulativement nécessaires : 1° appauvrissement du donateur ;
2° enrichissement du donataire ; 3° intention chez le donateur

---

(1) *L. 3 pr. de donat. inter vir. et ux.*
(2) Quand nous parlerons de donations entre époux, il s'agira toujours
de donations entre vifs ; quand nous voudrons faire allusion à des donations à cause de mort, nous aurons le soin de le dire expressément.
(3) *L. 1er pr. h. t.*

d'enrichir le donataire. C'est à propos des donations qui nous occupent que les jurisconsultes romains ont posé les principes de la matière, afin de déterminer d'une manière précise l'étendue de la prohibition ; c'est aussi pour cette raison que nous sommes obligé de les exposer très-brièvement.

1° *Appauvrissement du donateur.*

10. Cette première condition est indiquée dans différents textes très-précis, c'est même la crainte de cet appauvrissement qui est l'une des causes de la prohibition « *ne melior in paupertatem incideret.* » Ulpien pose le principe dans la loi 5, § 16, h. t., en ces termes : « *quum igitur nihil de bonis erogatur, recte dicitur valere donationem* ». Il en résultait logiquement que tout acte purement abdicatif de la part du donateur, qui négligeait ainsi d'augmenter son patrimoine sans le diminuer d'une manière effective, était permis entre époux ; tel était le cas où le mari, par exemple, institué héritier, ou appelé à recueillir un legs, répudiait l'hérédité ou le legs pour gratifier sa femme qui devait venir à son défaut (1).

11. Pour la même raison, la donation d'une *res aliena* était valable, mais il fallait, suivant nous, que le donateur fût possesseur de mauvaise foi, sinon *aliquid de bonis erogâsset.* Telle est l'hypothèse de la loi 25 h. t. ; elle s'explique par la l. 3 *pro donato* L. 46, T. 6, Dig. ; qui, supposant que le donateur d'une *res aliena* peut suivant les cas devenir ou non *pauperior* par le fait de la donation, n'admet l'usucapion que dans cette dernière alternative ; le conjoint donataire se trouve en effet avoir une *justa causa usucapionis* ; de plus, il est de bonne foi, car il ignore quel est le véritable propriétaire (2) il

---

(1) Le 5 § 13 et § 14, h. t.

(2) Sur cette manière d'écarter la décision de la loi 19 *in fine* h. t. de laquelle il résulterait que l'époux donataire est toujours de mauvaise foi. Voir de Savigny, *Traité du Droit Romain*, t. IV, § CLVI. Voir aussi *M. Machelard*, textes choisis, p. 524 et suiv.

usucape donc bien que dans sa pensée il possède *ex injustâ causâ*, puisqu'il croit son conjoint donateur véritable propriétaire, et par suite la donation frappée de nullité.

12. Il n'y aurait pas non plus donation prohibée dans le cas ou un époux prierait le testateur qui veut l'instituer héritier ou lui faire un legs de reporter sa libéralité sur la tête de son conjoint (l. 31 §. 7. h. t.); il est vrai que les lois 3, § 13; 4; 56 h. t. donnent une décision différente dans l'hypothèse ou le tiers au lieu d'être un testateur est un donateur qui veut faire tradition. La raison de différence tient peut-être à ce que le donateur étant sur le point de faire tradition, il est certain que l'époux qui renonce au profit de son conjoint aliène *brevi manu* s'il s'agit d'une donation entre vifs; tandis que dans le cas de la loi 31, § 7, le testateur aurait pu révoquer le legs ou l'institution, il n'est donc pas ici certain qu'il y ait une aliénation *brevi manu*; la renonciation a une donnation à cause de mort constituerait également une libéralité prohibée entre époux; en effet ces donations, bien qu'essentiellement révocables, confèrent néanmoins au donataire un droit actuel, à la différence du testament qui ne donne naissance qu'à une simple expectative; les lois 4 et 56 h. t. font très-bien ressortir l'appauvrissement qui résulterait d'une semblable renonciation.

13. Même décision « *si quis rogatus sit, præcepta certa pecunia, uxori suæ hæreditatem restituerit et is sine deductione restituerit* » car nous dit la loi 5, §. 15. h. t., « *nec de suo putat proficisci quod de alieno plenius restituit.* »

14. Enfin c'est toujours parce que le donateur n'éprouvait aucune perte dans son patrimoine que l'on considérait comme valables les donations de fruits et d'intérêts, résultant de ce que l'un des époux avait laissé jouir son conjoint d'une somme ou d'un bien a lui appartenant; ainsi les textes sont d'accord pour reconnaître la validité du prêt sans intérêt, du paiement d'une dette avant l'échéance (L. 31. §. 6. h. t.), de la remise des intérêts futurs (L. 23 pr. de donat. L. 39 T. 5. D), du report

de l'exigibilité d'une dette à une époque ultérieure (arg. de la loi 56 de cond. indeb. L. XII, T. C.) ; dans tous ces cas la prohibition ne s'applique pas. Il n'est pas certain en effet que le donateur aurait trouvé l'occasion de placer son argent à intérêt ou ne l'aurait pas employé à des acquisitions improductives. La donation était également licite, quand il ne s'agissait que du simple usage des choses appartenant à l'un des conjoints concédé gratuitement à l'autre (Lois 18 ; 28 § 2 ; et 31 § 1er h. t.)

15. Mais de ce qui précède il faudra bien se garder de tirer les deux conséquences suivantes :

1° Que si les époux se sont fait une donation en violation de la prohibition, l'époux ne pourra pas réclamer les fruits et intérêts perçus par le donataire. Cette conséquence serait vraie pour les intérêts ; mais pour les fruits les jurisconsultes romains étaient en désaccord (1), c'est ce qui résulte du rapprochement de la loi 17, pr. h. t., dans laquelle Ulpien, rappelant l'opinion de Julien, n'admet pas que l'on puisse *condicere* les fruits perçus, et de la loi 49, h. t. dans laquelle Marcellus donne une décision contraire. Enfin Pomponius adoptait une opinion intermédiaire, en distinguant entre les fruits naturels que le donateur peut *condicere* et les fruits industriels que conserve le donataire (Loi 45 de usur. et fruct. liv. 22 t. 1).

2° Que le mari peut renoncer au profit de sa femme aux intérêts de sa dot. Les fruits de la dot, en effet, sont affectés aux charges du ménage, à l'entretien de la famille, et le mari ne peut les détourner de leur destination ; aussi est-ce à tort que la loi 28 de pact. dot. dig. liv. 23 t. 4. et la const. un. C. de dos const. mat. liv. 5 t. 19, explique cette impossibilité de dis-

---

(1) De Savigny, traité du droit romain CXLVII — M. Machelard, textes choisis p 234 et suiv. — contra Pothier. Pand. just. h. t. n° LXVII n° 1.

poser au profit de la femme des fruits des biens dotaux par la prohibition des donations entre époux ; cela est si vrai que si la femme s'oblige à employer ces fruits à son entretien et à celui de ses enfants, la renonciation du mari devient licite (L. 21 §. 1 h. t. et Const. 2. de pactis conventis) (1).

16. Ajoutons que l'on ne considérait pas comme appauvrissant le donateur les présents d'usage que pouvaient se faire les époux, quand ils étaient en rapport avec leur fortune respective (L. 31 §. 8. h. t.)

2° *Enrichissement du donataire.*

17. Lors même que l'époux donateur s'appauvrissait, si la donation n'enrichissait pas le donataire, elle ne tombait pas sous le coup de la prohibition. Les textes nous en fournissent de nombreux exemples ; telles étaient : la donation d'un esclave pour l'affranchir (L. 7. § 8 et 9 ; L. 8 ; L. 9. pr. et § 1 h. t.) lors même que cet esclave *operas promisset* (2) ; la donation d'un terrain, par un époux à l'autre pour en faire un lieu de sépulture, et le mettre ainsi hors du commerce, seulement le transport de la propriété ne s'opérait qu'au moment où l'époux donataire y avait effectivement inhumé un mort ; *non idcirco fit locupletior, quòd non expendit*, si par exemple il est certain que sans cette donation le conjoint eut fait l'acquisition d'un autre terrain pour inhumer son parent, (L. 5. §8. 11 h.t.) ; Il y a là une décision de faveur spéciale aux époux, par application du principe de la loi 28 § 2 h. t.) (3) ; on allait même jusqu'à permettre la donation faite au conjoint d'un lieu pour sa propre sépulture, bien que la donation ne put évidemment re-

---

(1) M. Machelard, loi cit. p. 237 et suiv. M. Pellat, de jure dot. p. 353-375 -- Contrà de Savigny, traité du d. rom. § CXLVI

(2) Les droits de patronage n'était pas considérés comme un enrichissement, car dit la loi 5 § 5 praescrip. verb. L.1 9 T. 5 : hoc non potest æstimari.

(3) En toute autre matière il faudrait suivre la décision si logique de la loi 17 § 1 de sol. Dig. L. 46. T. 3.

cevoir effet qu'après sa mort, résultat bien peu en harmonie avec les idées romaines en toute autre matière (1). C'est encore l'absence d'enrichissement du donataire qui faisait déclarer valables les donations faites au conjoint *ad oblationem Dei* ou dans un but d'intérêt général (L, 5 § 12 et § 16) ; de même celles qui étaient faites par la femme au mari pour obtenir des des dignités (L. 40, 41, 42) dans la mesure toutefois de ce qui était nécessaire, *quatenus dignitatis supplendæ opus est* ; nous rattachons enfin à la même idée la décision de la loi 7 §. 1 et et celle de la loi 14 h. t. dans le cas de reconstruction d'une maison incendiée.

3° *Intention chez le donateur d'enrichir le donataire.*

18. Cette condition est aussi indispensable que les deux premières, mais il n'est pas nécessaire que le donataire ait conscience de l'enrichissement ; ainsi il y a donation prohibée dans le fait de la part d'un époux de payer *donandi animo*, même à l'insu de son conjoint la dette de ce dernier. Cet *animus donandi* est manifeste dans les meræ donationes qu'il ne faut pas confondre toutefois avec les actes de pure obligeance qui ne modifient en rien l'étendue des biens, tel que le mandat, le dépôt, lesquel sont cependant essentiellement gratuits (2).

19. Mais c'est dans le cas d'un *negotium mixtum* que l'utilité de cette troisième condition devient particulièrement intéressante. Une libéralité, en effet, peut se cacher sous la forme d'une foule d'actes à titre onéreux. La règle, à cet égard, est formulée dans la loi 5, § 2, *in fine*, h. t. Nous ne parlerons que des deux espèces d'actes à titre onéreux dont il est question dans notre titre : d'abord la vente entre époux, elle est en principe parfaitement valable, seulement si en réalité il n'y a pas de prix, le contrat est nul comme vente faute de prix (3),

---

(1) Gaïus comm. III § 100.
(2) De Savigny, traité du Droit romain. §. CXLV.
(3) L. 38 de Cont. empt. L. 18, T. 1, Dig. loi 2, § 1 cod. tit. L. 3, C. cod., tit.

et comme donation parce qu'il a lieu entre époux. Mais si la vente a été conclue pour un prix moindre que la valeur réelle de la chose, les textes distinguent : les époux ont-ils eu l'intention de se faire une donation, seulement ils ont stipulé un prix pour que le contrat puisse se former, alors tout est nul; au contraire, ont-ils voulu se faire une vente, mais à des conditions avantageuses, alors la vente est valable, sauf à l'époux aliénateur à *condicere* la différence entre le prix de vente et la valeur réelle, dans la limite de l'enrichissement de l'acheteur. C'est la décision de la loi 5, § 5, h. t. La Société *donationis causâ* étant nulle entre étrangers (1), l'était *a fortiori* entre époux (l. 32, § 24 h. t.), sauf, dit ce texte, l'application du sénatus-consulte rendu sous septième Sévère (2).

20. Les donations indirectes entre époux étaient soumises à la même prohibition que les donations directes ; on en trouve la preuve dans les lois 3, § 12 et 13 ; 5, § 4 ; 39, h. t., qui prévoient le cas où le mari charge son débiteur de payer entre les mains de sa femme ou des cas analogues ; il nous est impossible de voir là, avec M. Boutry-Boissonade (3), des donations par personne interposée, dans le sens habituel de cette expression, car ce genre de donation suppose nécessairement que le donateur emploie l'intermédiaire d'un tiers pour faire croire que ce dernier est le véritable bénéficiaire de la libéralité, tandis que dans les hypothèses des lois précédentes, tout se passe au grand jour, sans dissimulation. Du reste, il est certain pour nous, quoique nous ne puissions nous appuyer sur aucun texte, qu'une donation faite à un tiers avec un mandat secret de remettre immédiatement la chose donnée au conjoint du donateur, tomberait sous le coup de la prohibition. Ajou-

---

(1) L. 8, § 2 pro socio liv. 17 T. 2 Dig.
(2) M. Machelard, textes choisis, p. 234.
(3) Hist. des donat. entre époux, p. 17.

tons que le Droit romain n'avait pas établi de présomption légales d'interpositions de personnes.

21. Il faut encore comprendre au nombre des donations indirectes celles qui résultaient d'une omission volontaire de l'un des époux, et qui avaient occasionné une diminution du patrimoine de l'un et une augmentation correspondante du patrimoine de l'autre. Les textes nous fournissent les exemples suivants : la perte volontaire par non usage d'une servitude, appartenant au fonds de l'un des conjoints sur celui de l'autre (l. 5, § 6, h. t.) ; le refus de l'époux défendeur d'invoquer une exception qui eut entraîné son absolution ou empêché l'absolution du demandeur (l. 5, § 7, h. t.); enfin, l'usucapion accomplie par suite de l'omission volontaire de l'exercice de l'action en revendication, si l'on admet l'interprétation que nous donnerons plus loin de la loi 44 h. t.

22. Une dernière catégorie de libéralités également prohibées, ce sont les donations rénumératoires entre époux ; il n'existe en effet aucune raison de les soustraire à la prohibition, car, de ce que le mobile soit ici la reconnaissance, l'intention d'enrichir, et par suite l'*animus donandi* n'en existe pas moins. Les textes, il est vrai, sont muets ; seule, la loi 34, § 1 de Donat., liv. 39, t. 5, Dig., reproduisant avec une légère altération un fragment de Paul Sent., liv. 5, t. 2, § 6, suppose le cas d'une donation rémunératoire faite à celui qui a sauvé le donateur des mains des ennemis ou des voleurs, seulement il la déclare dans ce cas *irrévocabilis* ; quelque soit le sens de ce mot (1), ce qui est certain, c'est que Paul voit dans la donation rémunératoire une véritable donation, et non une sorte de contrat commutatif.

---

(1) De Savigny, hist. du Droit romain, § CLIII in fine.

II. — Quand peut-on dire que la donation a lieu entre époux ?

24. Pour qu'il y ait donation entre époux, il faut que les parties soient unies par les liens d'un légitime mariage (*justiæ nuptiæ*) ; il faut donc exclure de la prohibition :

24. 1° Les donations *ante nuptias* faites entre fiancés ; ces donations n'étaient même pas faites sous la condition tacite de la réalisation du mariage, aussi restaient-elles valables lors même que le mariage n'avait pas lieu (voir les Const. 1-14 Liv. 5 Tit. 3, C.) à moins qu'il n'eut été expressément stipulé que, en pareil cas, la donation serait non avenue (Const. 7 et 12, cod tit. C.) Constantin, dans les cons. 15 et 16, Cod. tit. C., décida que désormais ces donations seraient soumises en principe à la condition *si nuptiæ sequantur* sauf cependant certaines distinctions qu'il n'entre pas dans le cadre de notre travail d'examiner. Mais il faut se garder de confondre ces libéralités avec les donations *ante* ou *propter nuptias* qui constituent une contre dot et non une véritable donation et ne peuvent émaner que du mari ; ces dernières prirent surtout un développement considérable dans le dernier état du Droit rômain (1).

25. 2° Doivent également être exclues de la prohibition, les donations entre concubins (l. 3, § 1, *in fine ;* loi 58, pr. et § 1 h. t. — Loi 31 pr. de donat., liv. 39, T. 5, Dig.) Ici, en effet, il n'était plus nécessaire de garantir la dignité du mariage contre de honteuses spéculations de la part de l'une ou de l'autre des parties, puisqu'il s'agit d'une union d'un ordre inférieur. Cependant, nous voyons qu'un rescrit d'Antonin (Const. 2, h. t.), pour protéger les soldats contre les séduc-

---

(1) Voir sur ce point une dissertation de M. d'Hauthuille, revue de législation, t. VII et t. VIII, et M. de Salvandy, sur les gains de survie entre époux.

tions des *focariæ*, déclare nulles les donations faites à ces dernières. La législation du Bas-Empire étendit aux personnes non militaires l'esprit de cette constitution. Arcadius et Honorius défendirent en effet à celui qui a des enfants légitimes ou qui laisse sa mère, de donner à sa concubine et à ses enfants plus d'un douzième de sa fortune, sans pouvoir en donner plus d'un vingt-quatrième à la concubine seule. Valentinien Ier et Gratien étendirent cette décision au cas où le disposant laisse son père; ils décidèrent même que s'il ne reste ni enfant légitime, ni père, ni mère, la concubine et ses enfants ne pourront recevoir plus d'un quart. Justinien, dans novelle 89, ch. 12, modifia encore cet état de choses (1).

26. 3° Enfin la prohibition ne s'applique pas aux personnes qui ont contracté un mariage entaché de nullité radicale : « *Si aliquod impedimentum interveniat, ne sit omniò matrimonium donatio valebit,* » dit la loi 3, § I. Seulement, en pareil cas, la validité de la donation n'est, en quelque sorte, que théorique, car, nous dit le texte : « *fas non est eas donationes ratas esse, ne melior sit conditio eorum qui deliquerunt;* » le donataire ne profite pas du bénéfice de la donation, c'est le fisc qui s'en empare (l. 32, § 28 h. t.). Comme exemples de mariages nuls, la loi 3, § Ier, cite celui que contracte un président de province avec une de ses administrées, ou bien la fille d'un sénateur avec un affranchi, depuis un sénatus-consulte rendu sous Marc-Aurèle (2); la loi Julia, qui avait établi cette dernière prohibition, ne l'avait pas sanctionnée par la nullité du mariage.

27. Il est indifférent que le donataire soit de bonne ou de mauvaise foi, il n'en est pas de même du donateur : s'il est de mauvaise foi, les principes ci-dessus s'appliquent sans modification, mais s'il est de bonne foi, M. de Savigny (au n° CLXII, nos e-h de son traité du droit romain), s'appuyant sur la Const. 7, C. h. t., et sur la loi 32, § 28 D., h. t., pense qu'il avait

---

(1) Pandect. Justin. de Pothier, n° 7, in fine h. t.
(2) Loi 16, pr. liv. 23, t. 2. Dig.

une revendication utile. Voët (1) était déjà du même avis, et nous partageons son opinion; on peut, du reste, argumenter par analogie des lois 2, § 2, *de his quœ ut ind.*, liv. 34, t. 9, et 128, de leg. 1° Dig., qui donnent la même décision en matière de dispositions testamentaires. Quand la cause de nullité du mariage n'était que temporaire, comme l'impuberté, (l. 32, § 27 h. t.), on distinguait : si le mariage avait été précédé de fiançailles, la donation valait comme faite entre fiancés, sinon elle était nulle, comme reposant sur une fausse cause, et le donateur pouvait *condicere ob falsam causam*, s'il avait été de bonne foi, ce que suppose le texte (*quamvis jam uxorem esse putet qui duxit*).

28. 4° Il ne peut plus être question de prohibition quand le mariage est dissous par le divorce des époux; désormais, il n'y a plus de mariage, par suite, plus d'époux : chacun d'eux a reconquis son indépendance. Mais comme il était à craindre qu'ils divorçassent pour pouvoir se faire des libéralités valables, sauf à se réconcilier après ce simulacre de divorce, la loi 64 h. t. a soin de nous prévenir que les donations entre époux divorcés ne sont valables qu'autant que le divorce est sérieux, ce qui s'induit des circonstances, si, par exemple, les époux ont convolé à une autre union, ou que la séparation dure depuis longtemps; il faut aussi, pour la validité de ces donations, que le divorce ait été fait en la forme légale (loi 35 h. t.).

29. Ajoutons qu'on devait considérer comme faite, pendant le mariage, la donation entre fiancés, sous cette condition suspensive que la propriété ne serait transmise au donataire qu'après la réalisation du mariage. C'est une conséquence nécessaire de cette théorie, que la condition apposée à la transmission de de la propriété ne rétroagit pas comme en matière d'obligations (L. 32, § 22, h. t. — D. Const. 4, *de donat ante nuptias*, L. 5, T. 3). C'est, du reste, une question que nous retrouverons à propos des donations à cause de mort.

---

(1) Voët, sur le titre de donat. int. vir. et uxor. n° 15 in medio.

30. Mais en raison de l'organisation même de la famille romaine, la prohibition ne pouvait être limitée aux seuls conjoints; il fallait nécessairement l'étendre à toutes les personnes comprises dans la même *familia* que les époux, puisque entre tous les membres de la même *familia*, il y avait, en principe, communauté de patrimoine. Ainsi, le beau-père qui avait son fils *in potestate*, ne pouvait donner à sa bru; les deux beaux-pères ne pouvaient se donner l'un à l'autre, s'ils avaient chacun leur enfant *in potestate*; il est inutile de multiplier les exemples (L. 3 § 2-6; L. 32, § 16; L. 60, h. t., F. Vat. § 269). Ce que nous disons de la puissance paternelle était vrai également de la puissance dominicale; ainsi, était nulle la donation faite par un époux à l'esclave de l'autre; il faut aussi remarquer que toutes les fois qu'une personne de la *familia* de l'un des époux venait à en sortir par une émancipation ou autrement, elle pouvait alors donner à toutes les personnes de la *familia* de l'autre époux; pour les mêmes raisons, le fils de famille pouvait donner à sa mère des biens de son pécule castreus ou quasi-castreus, et réciproquement sa mère pouvait lui donner, lors de son entrée dans les camps ou dans les charges publiques; mais, hors de là, depuis que Constantin eût créé le pécule *adventice*, toute donation de la mère au fils n'était valable que pour la nue-propriété, sinon il y aurait eu donation d'usufruit au mari (1). En résumé, la prohibition a lieu, non pas d'époux à époux, mais de patrimoine à patrimoine.

31. Maintenant qu'il est établi que la prohibition commence et finit avec le mariage, il nous reste à déterminer à quel moment précis on peut dire qu'il y a mariage. C'est là une question célèbre que nous n'avons nullement l'intention d'étudier avec détails, nous nous bornerons à indiquer notre opinion et à expliquer la loi 66 h. t. qui est l'un des principaux éléments de la

---

(1) De Savigny, traité du droit romain au n° CLXIII, n° 0.

discussion. Nous pensons que chez les Romains le mariage étant principalement un état de fait (Lois 25, 8, 14, § 1, *de cap. et postlin.* L. 49, T. 15. — Loi 1re *de ritu impt.*, L. 23, T. 2, D.), il fallait nécessairement qu'on pût le distinguer du concubinat, qui se forme *solo concubitu*, c'est du moins en ce sens que nous entendons la règle « *nuptias non concubitus sec consensus facit* (1) » qu'il faut rapprocher de cette autre : « *concubinam ex solâ animi destinatione æstimari oportet.* »

32. Deux situations différentes étaient possibles : 1° le futur époux et la future épouse se trouvaient réunis dans un même lieu (domicile du mari, domicile de la femme, ou partout ailleurs, peu importe). Dès l'instant où il était convenu entre eux que la future se mettait à la libre disposition du futur époux, il y avait mariage; en ce cas, il est vrai de dire que le mariage se forme par le seul consentement; peu importe du reste que ce fait purement psychologique du consentement s'affirme ou non par les cérémonies dont on avait coutume d'entourer le mariage; on suppose que cette réunion des futurs époux, à la suite de laquelle ils se comportent comme mari et femme, est chose suffisamment ostensible pour révéler leur union au public; s'il y avait doute sur ce point, les const. 13, 22 et 23, § 7, c. *de nuptiis*, liv. 5, T. IV, nous indiquent quelle était la présomption; 2° le futur et la future ne se trouvaient pas dans le même lieu au moment où devait se réaliser le mariage; alors l'application pure et simple des principes en matière de contrat consensuel conduisait à décider que le mariage pourrait avoir lieu *per nuntium* ou *per epistolam*; c'est devant cette conséquence que les jurisconsultes romains ont reculé; ils ont préféré distinguer : est-ce la femme qui est absente, on n'admettra aucune preuve testimoniale ou littérale de son consentement, le mariage est impossible; si au contraire c'est le mari qui est absent, par réminiscence de l'ancien Droit romain qui faisait de

______

(1) L. 30, *de reg.* pr. L. 50, T. 17, D.

la femme la chose du mari, et la rendait comme telle susceptible d'*usucapion* au bout d'un an de possession, le mariage sera effectué du jour où la femme faisant en quelque sorte tradition d'elle-même, viendra habiter la maison du mari, ou y sera introduite (*deducta*) par ses parents ou ses amis. Ainsi envisagé, le mariage romain n'est donc ni un contrat purement consensuel, comme on a longtemps prétendu, ni un contrat réel, comme on a cherché à l'établir de nos jours ; c'est un acte juridique tout-à-fait à part. Dès lors, il n'y a plus aucune difficulté à concilier les deux paragraphes de la loi 66 h. t. qui paraissent au premier abord contradictoires (1), et d'un autre côté les nombreux textes que l'on peut invoquer sur cette question se plient facilement à cette explication.

EXCEPTION A LA PROHIBITION DES DONATIONS ENTRE VIFS.

33. Nous n'en connaissons en réalité qu'une seule, c'est le cas de donations entre l'Empereur et l'Impératrice « *illico valere sancimus* » dit le Const. 26, h. t.

SECTION III. — Donations non comprises dans la prohibition.

34. Sont permises entre époux :

35. 1° Les donations qui ne réunissent pas les trois caractères que nous avons indiqués sous le chiffre I de la section II. Ce ne sont pas, en effet, *stricto sensu* de véritables donations.

36. 2° Les donations *exilii causâ*. — Ces donations étaient faites en vue d'un événement qui doit rendre l'un des conjoints *perigrinus*, c'est-à-dire faire cesser les *justæ nuptiæ*, sans pour

---

(1) Cette théorie a été exposée par M. Machelard, textes choisis, p. 210 et suiv.

cela dissoudre le mariage ; il est clair que la prohibition ne peut les atteindre ; elles ne doivent en effet recevoir leur exécution qu'à un moment où il n'y a plus, *jure civili*, ni *vir* ni *uxor* (L. 43, h. t.); aussi n'est-il nullement besoin pour que cette donation reçoive son effet que les époux divorcent entr'eux, comme l'exige Pothier (1); l'époux non déporté peut évidemment disposer au profit de son conjoint, comme au profit d'un étranger, et réciproquement; seulement, dans ce dernier cas, il faut reconnaître qu'il y a une décision de faveur, car les biens du conjoint déporté étant dévolus au fisc, il ne devrait pouvoir les donner au détriment de ce dernier.

37. Disons, à ce propos, qu'une faveur analogue protégeait les donations à cause de mort que s'étaient faites les époux à un moment où ils ne supposaient nullement que l'un d'eux serait déporté (Loi 13, § 1, h. t.); du reste l'époux déporté conservait le droit de révocation jusqu'à sa mort, ainsi que nous l'apprend la fin du texte.

38. 1° Donations *divortii causâ*. — En droit romain, le divorce par consentement mutuel (*bonâ gratiâ*) était autorisé (L. 62, pro. h. t.); aussi on comprend la possibilité de donations *divortii causâ*, quand la séparation avait lieu *propter sacerdotium, vel sterilitatem, vel senectutem, vel valetudinem, vel militiam* (Lois 60, § 1 et 61, h. t.). Ces donations faites pour une époque où le mariage n'existerait plus étaient valables d'après les principes généraux, mais il fallait qu'elles eussent été faites en vue d'un divorce imminent, et non en vue de la possibilité d'un divorce futur (L. 12, h. t.).

39. 4° Donations à cause de mort. — Les mêmes raisons qui détachaient de la prohibition les donations *exilii* ou *divortii causâ*, militaient avec plus de force encore en faveur des donations à cause de mort; d'ailleurs ces libéralités étaient d'autant moins dangereuses que le donateur pouvait les révoquer à son

____

(1) Pandect. Just. h. t., § XXIV.

gré ; aussi furent-elles toujours, de même que les libéralités testamentaires permises entre époux (L. 9. § 2 et L. 10 h. t.).

40. Seulement on sait que les donations à cause de mort peuvent être faites sous condition suspensive, ou sous condition résolutoire ; s'il y a révocation ou si le donataire prédécède, le donateur a, dans la première hypothèse, la revendication, et dans la seconde une *condictio causâ datâ causâ non secutâ* pour réclamer les choses données ; Ulpien (L. 29 de mort. caus. donat. L. 39, T. 6), lui accorde même dans ce dernier cas, mais avec quelque hésitation une revendication utile. Il n'entre pas dans notre sujet de reproduire les nombreuses controverses auxquelles a donné naissance cette remarquable décision d'Ulpien.

41. Il est clair que pour les donations entre époux il ne pouvait être question d'aliénation sous condition résolutoire, la prohibition s'opposant à la transmission immédiate de la propriété ; aussi la loi 11 pr. h. t. nous dit-elle : « *interim res non statim iunt ejus cui donatæ sunt, sed tunc demſum cùm mors insecuta est.* » Mais on n'avait remédié à cet inconvénient en décidant que la donation à cause de mort entre époux, bien que faite sous condition suspensive pourrait retroagir au jour de la tradition (1), et de cet manière produire *ex postfacto*, les mêmes effets qu'une donation sous condition résolutoire. C'est ainsi qu'il faut entendre la loi 11 §. 1 h. t. quand elle nous dit que : « *omnis mortis causâ donatio* » est valable entre époux.

42. Les parties ont-elles entendu ou non que la donation aurait un effet rétroactif, c'est là évidemment une question d'intention qui se résout d'après les circonstances (2) : mais si

____

(1) Nous supposons bien entendu que l'on admet avec nous, que la tradition conditionnelle de la propriété ne produit en principe aucun effet rétroactif, il y a donc ici une disposition exceptionelle. (Voir M. Bufnoir, de la condition, page 318 et suiv.)

(2) C'est ainsi que s'expliquent selon nous les deux solutions opposées des lois 20 h. t. et 70 *de hæred. instit.* Liv. 28. T. 5. D.

rien n'indique quelle a été leur pensée, que faudra-il décider ? En matière de donations à cause de mort ordinaires, on présume qu'il s'agit d'une condition résolutoire (1) , aussi par analogie inclinerons-nous en faveur de l'effet rétroactif entre époux, surtout en présence de la loi 40 de mort. caus. donat. liv. 39. T. 6, si formelle en notre faveur et qui donne une décision de principe et non d'espèce (2); Ce qui vient confirmer encore cette opinion c'est la manière dont s'exprime Ulpien dans la loi 11 § 2. h. t. « *Quando itaque non retroagatur donatio, emergunt vitia.* » dit le jurisconsulte ; ont voit qu'il s'agit ici d'une situation exceptionnelle. Cet argument d'ailleurs n'est nullement atténué par ces mots de la même loi §. 9 « *Plane in quibus casibus placet retroagi donationem,* » ces expressions en effet font allusion au cas où par suite de l'interprétation de la volonté des parties (*placet*), ce qui est toujours la première règle à suivre en cette matière, la donation doit avoir un effet retroactif ; mais il n'y a rien à en tirer pour la solution de notre question.

43. Il nous reste à expliquer ces mots « *emergunt vitia* » le sens que leur ont donné les interprètes, les a conduit à admettre un système dont les textes, il faut le dire, n'offrent aucune trace (3) suivant ces auteurs (4), la question de savoir si la donation doit ou non rétroagir dépend de la suivante : cette retroactivité profitera-t-elle au donataire, ou lui sera-t-elle préjudiciable ? mais on se demande où est écrite cette distinction, il nous semble même que le § 5 de la loi 11 h. t., y résiste énergiquement. Pour nous qui n'admettons pas cette opinion

---

(1) De Savigny, *Traité du Dr. rom.* n° CLXX n° 1.

(2) Tel ne paraît pas être l'avis de M. Bufnoir, loc. cit. p. 414 init.

(3) Voir notamment l'étrange traduction donnée par M. Vernet, textes sur les obligations, p. 145.

(4). M Vernet, op. cit. p. 145. — M. Boutry-Boissonnade loc. cit. 24 et 25 — M. de Salvandy, op. cit. p. 70 et 71.

intermédiaire, il nous semble qu'Ulpien a voulu simplement dire ceci : « Dans le cas où la donation ne rétroagit pas, il se présente quelques hypothèses intéressantes » et ces hypothèses, il les étudie dans les §§ (2 et 9 *in initio*) de notre loi 11. Nous examinerons seulement les deux plus difficiles, prévues par les §§ 7 et 8 ; il s'agit de donations faites par l'intermédiaire d'un tiers.

44. Le § 7 suppose que le tiers meurt du vivant des époux après avoir fait tradition au donataire ; si le tiers a été interposé par le donataire, la donation s'évanouit, car étant mort avant que la donation fût confirmée par le prédécès du donateur, il n'a pu acquérir aucun droit, et par suite rien transmettre : (L. 11. § 9, 1re phrase h. t.) ; si au contraire c'est par le donateur que le tiers a été interposé, il est devenu propriétaire, et la tradition qu'il a faite pourra être efficace si le donataire survit à son conjoint. Le § 8 au contraire prévoit le cas où le tiers n'a pas encore fait tradition quand arrive la mort du donateur ; la tradition pourra-t-elle désormais s'effectuer ? ici encore il faut distinguer : non, si le tiers a été interposé par le donateur, car la mort de ce dernier a mis fin à son mandat ; s'il livre la chose, malgré l'opposition des héritiers du conjoint prédécédé, il sera tenu de la *condictio* ; oui, si le tiers a été interposé par le donataire, car la mort du donateur l'a rendu propriétaire, et par là même la possession, et par suite la propriété, a été acquise au mandant. (Just. L. II. T. 9. § 5.)

45. Nous avons toujours supposé que l'époux donateur avait employé la tradition pour transférer la propriété de la chose donnée ; c'est en effet la seule hypothèse prévue par les textes, les formalités solennelles de la mancipation et de l'*in jure cessio* n'existant plus sous Justinien. Mais en nous plaçant à une époque antérieure, si nous supposons que l'une de ces formes a été employée pour effectuer entre époux une donation à cause de mort, il nous semble que cette donation à la mort du donateur opérera *ex nunc*, sans effet rétroactif, car si les *actus legitimi* sont susceptibles d'une condition tacite, c'est comme le dit

M. Bufnoir (Loc. cit. p. 404.) « par tolérance, et cette tolé-rance, consiste en ce qu'on suppose l'acte fait à une époque où il aurait pu régulièrement se produire, bien qu'il l'ait été à un moment où il ne pouvait pas se former suivant le droit rigou-reux. »

46. Si la donation consistait en une promesse par stipulation, il n'y aurait pas selon nous de rétroactivité ; ce n'était au fond, de la part du donateur, qu'une stipulation, *cùm moriar*.

SECTION IV. — Quotité disponible entre époux sous l'empire des lois Julia et Pappia Poppéa.

47. Nous savons que les époux ont toujours pu disposer par testament l'un au profit de l'autre ; mais les lois Julia et Pappia, rendues sous Auguste, vinrent considérablement restreindre cette capacité, dans le but de favoriser la procréation des enfants ; ces lois, déjà si sévères à l'égard des *cælibes* et des *orbi*, avaient redoublé de rigueur quand il s'agissait de libéra-lités testamentaires entre conjoints sans enfants ; au lieu de *capere dimidiâ parte*, comme ils le pouvaient, si la libéralité provenait d'un étranger, il ne leur était permis de disposer, l'un au profit de l'autre, que d'un dixième de leur fortune. Le conjoint qui décédait pouvait, en outre, laisser au survivant le tiers de ses biens en usufruit, avec expectative de la pleine pro-priété, si, plus tard, son conjoint avait des enfants d'un mariage postérieur (1).

48. Ce qui fait que cette matière se rattache à notre sujet, c'est qu'un sénatus-consulte, dont la date ne nous est pas connue, assimila les donations à cause de mort aux institutions d'héritiers et aux legs, en ce qui concerne les restrictions des lois Julia et Pappia ; il en fut de même des fidéicommis ; les

---

(1) Ulp. Reg., t. xv, *de decimis.*

époux, en effet, pour échapper aux rigueurs des lois caducaires, disposaient entre eux par voie de donation à cause de mort ou de fidéicommis : la loi se trouvait ainsi éludée ; c'est pour remédier à cet abus que fut rendu ce sénatus-consulte, dont l'existence nous est révélée par un fragment de Paul, la loi 35 pr. de mort. caus. donat.

49. Voyons, en quelques mots, quel était le système de ces lois :

50. Elles ne restreignaient la faculté réciproque de disposer entre époux au taux indiqué ci-dessus, qu'autant que les conjoints n'avaient pas d'enfant de leur union. Ce disponible était susceptible de s'augmenter d'autant de dixièmes (1) que le donataire survivant avait d'enfants *superstites* nés d'un précédent mariage. Les enfants communs, décédés *post nominum diem*, donnaient aussi droit à une *decima* supplémentaire par tête ; s'ils étaient plus de deux, les époux avaient le *solidi capacitas*. Ces cas de *solidi capacitas*, énumérés par Ulpien (2), étaient nombreux, on peut les ramener à douze (3). Ajoutons que les époux étaient complètement privés du *jus inter se capiendi*, quand ils avaient contracté mariage en violation des lois Julia et Pappia ; par exemple, dit Ulpien, « *si famosam quis uxorem duxerit aut libertinam senator.* (4).

51. Les *leges decimariæ* ne furent abrogées que l'an 410 par Honorius et Théodore le jeune (5). Constantin, en supprimant les peines de l'orbitas et du célibat, avait néanmoins maintenu les lois décimaires, parce que, à ses yeux, les libéralités entre époux étaient suspectes de captation ; moyen évidemment illu-

---

(1) C'est ce qui avait fait appeler ces lois : *Leges decimariæ*, quand on les envisageait au point de vue de la capacité de disposer entre époux.

(2) Reg., ch. xv et xvi.

(3) Voir M. Boutry, Boissonade op. cit., n° 37.

(4) Voir, sur toute cette matière de la capacité entre époux, M. Machelard, de l'accroissement, p. 165-170, 247-251 et 276-279.

(5) L. 2, liv. viii, t. lviii, C. J., et loi 2, liv. viii, t. xvii, c. Th.

soire, car la présence d'enfants communs ne fait pas disparaître le danger et rend cependant aux conjoints la *solidi capacitas*

52. Du reste, tout ce vieil édifice de la législation d'Auguste s'écroule de jour en jour, et désormais c'est l'intérêt des enfants d'un premier lit, en cas de convol de l'auteur survivant, qui va être l'objet tout particulier de la sollicitude des Empereurs chrétiens, ainsi que nous le verrons plus loin.

SECTION V. — Sanction de la prohibition.

53. Les jurisconsultes romains, interprètes de la coutume, déclaraient radicalement nulle toute donation faite entre époux dans les cas où s'appliquait la prohibition : « *ut ipso jure nihil valeat quod actum est*, dit Ulpien ; *Prohinde si corpus sit quod donatur nec traditio quicquàm valet et si stipulanti promissum sit, vel accepto latum, nihil valet, ipso enim jure, quæ inter virum et uxorem donationis causâ geruntur nullius momenti sunt.* » (l. 3, § 10, h. t.); disposition formelle et très-précise dans laquelle nous puiserons la division même de notre section. Mais il faut nous empresser d'ajouter que c'est précisément ici que nous verrons les principes du droit rigoureux, à chaque instant modifiés par l'application de cette belle maxime due cependant à la plume d'un jurisconsulte païen : « *et sanè non amarè, nec tanquam inter infestos jus prohibitæ donationis tractendum est; sed ut inter conjunctos maximo affectu et solam inopiam timentes.* » (L. 28, § 2, h. t.)

I. Donation par tradition.

54. « *Prohindè si corpus sit quod donatur, nec traditio quicquam valet.* » D'où le donateur peut revendiquer, si la chose existe (l. 36, pr. h. t.), sinon il a une *condictio sine causâ* ou *propter injustam causam,* laquelle, d'après les principes en

matière de *condictio* (1), n'est donnée que *quatenus locupletior factus est cui donatur*. Il faudrait même aller plus loin et décider que le conjoint donataire est nécessairement de mauvaise foi, car il sait, ou, ce qui en droit est la même chose, il doit savoir que la donation ne l'a pas rendu propriétaire, il devrait donc être tenu du *verum pretium rei* (2); mais ces conséquences rigoureuses doivent être écartées en cette matière, d'autant plus que c'est sous les yeux du donateur que les choses données sont dissipées, et qu'en pareil cas, il est censé y consentir tacitement.

55. D'ailleurs, si c'est par suite d'une faute grave, ou pour éviter une restitution prochaine, que le donataire a dissipé, il faut décider sans hésiter que le conjoint donateur aura le droit d'intenter, ou l'action de la loi *aquilia*, ou l'action ad exhibendum, ou même la revendication donnée contre celui qui *dolo fecit quominus restitueret*. Ces conséquences, qui ne peuvent plus trouver d'application depuis que l'Oratio de Sévère et de Caracalla valide la donation quand la chose donnée est *consumpta* (3), ont néanmoins laissé des traces au Digeste dans 37 h. t. et 14 *ad exhibendum* (l. 10, t. 4).

56. Voyons quelques applications de ces principes :

57. Supposons d'abord que la chose donnée existe entre les mains du donataire, le donateur intente la revendication ; la loi 36 h. t. décide que si l'époux, auquel la donation a fourni une cause de possession, (4), se refuse à restituer la chose, au lieu d'être condamné *in quantum donator juraverit in litem*, il sera seulement tenu de la véritable valeur de la chose, et de plus, en raison de l'équité qui doit exister dans les rapports des époux, le conjoint donateur devra fournir caution au donataire, qui est

---

(1) Loi 14, de cond. indib., liv. xii, t. vi.
(2) Loi 65, § 8, eod. tit.
(3) Voir de Savigny, Traité du Dr. rom. n° CL.
(4) Possessio naturalis donnant seulement droit aux interdits. L. 13, § 1, *de haered*, pet._L. 5 t. 3 Dig.

alors traité comme un véritable acheteur ; seulement, au lieu de la *cautio duplæ*, ce sera seulement une *cautio* donnée *quanti ea res erit*. Dans les actions réelles ordinaires, celui contre lequel on revendique n'a jamais le droit de réclamer une semblable *cautio* ; il est en faute, en effet, de ne pas restituer la chose (loi 3b, § 2, *de rei vindic.*), mais nous sommes ici dans une matière exceptionnelle (1).

58. Il pouvait se faire que la femme, par exemple, eût consenti, à titre de donation, à ce que son mari construisît sur son propre terrain avec des matériaux à elle appartenant ; il y avait là donation, car *superficies solo cedit*, et Neratius pensait que la femme pouvait revendiquer les matériaux, car, disait-il, la loi des XII Tables n'a pu prévoir le cas où les matériaux ont été employés du consentement du propriétaire. Mais ce raisonnement étrange, qui ne peut servir qu'à expliquer le refus de l'action *de tigno juncto*, est rejeté par Paul, qui n'accorde le droit de revendication qu'après la ruine de l'édifice (l. 63 h. t.). Cependant, la femme peut toujours revendiquer immédiatement les matériaux dont l'enlèvement ne dégrade pas le bâtiment (l. 45 h. t.), pourvu que ce ne soit pas dans le but d'en faire le commerce (2).

59. Du reste, la revendication des choses données n'avait lieu qu'à charge d'indemniser le donataire de ses impenses (l. 31, § 2 h. t.). Si la chose avait péri sans dol de la part de ce dernier, toute action était éteinte (L. 28, p. h. t.).

60. Dans les cas où la revendication ne peut plus s'exercer, le donataire exempt de dol est tenu de la *condictio* dans la limite de son enrichissement, ainsi que nous l'avons dit tout à l'heure ; seulement, ici les principes généraux sont déviés par un tempérament d'équité ; on décidait, contrairement à la règle ordinaire formulée dans la loi 18, D. *quod met. caus.*, l. 4, t. 2, que

(1) M. Pellat, de la propriété, p. 257 et 258,
(2) Loi 13, § 1, *de legatis*, 1. Liv. 30 D. et L. 1, § 1, cod. t.

si le donataire avait fait emploi de l'argent donné, la chose
ainsi acquise était aux risques du donateur (L. 28, § 3 h. t.), de
même d'un emploi postérieur (l. 29, pr.). C'était d'après l'estimation de la chose substituée, au jour de la *litis contestatio*
(loi 7, pr. et § 3 h. t.) que se calculait l'enrichissement du
donataire, sans que le donateur put jamais obtenir une valeur
plus considérable que celle qu'il avait fournie. Et il faudrait se
garder de croire que ces principes sont contredits par les solutions des lois 7, § 7, et 50 pr. h. t., qui, supposant le cas où
l'un des époux a payé le prix d'une acquisition préalablement
faite par son conjoint, décident que, peu importe le sort ulté-
rieur de la chose achetée ; il y a là, en effet, extinction d'une
dette, dont le quantum est invariable malgré les varations de
valeur de l'objet acquis, ou même sa perte totale, l'enrichissement du donataire est donc constant dès le jour du paiement.

61. La faveur de ces donations fit même admettre une autre
dérogation aux règles ordinaires ; la loi 55 h. t. décide, en
effet, que si le donataire qui a disposé de la chose donnée est
insolvable, au lieu d'une condition qui ne ferait obtenir à l'époux
donateur qu'un dividende, celui-ci aura une revendication
utile (1) ; entre les mains de la femme, elle remplace avanta-
tageusement l'action *rei uxoriæ*, car le mari ne peut en pareil
cas invoquer le bénéfice de compétence (2). Ajoutons que le
mari avait encore un moyen spécial de recouvrer la valeur des
choses par lui données à sa femme ; il pouvait, en restituant la
dot de cette dernière, exercer une rétention *propter res
donatas* (3).

62. Enfin il faut citer un cas spécial où le donateur ne peut
condicere ce qu'il a donné, bien que le donataire soit enrichi :

---

(1) Voir aussi le Const. unique § 8 *de rei uxor. act.* (Liv. 8, Tit. 3.)
(2) Voir Cujas, liv. VI, quest Pauli *ad leg.* 55 h. t.
(3) Ulpien Reg. VI, § 9. — M. Pellat, sur la dot, p. 40-42.

c'est quand deux époux se sont fait chacun une donation de même valeur ; si l'un a dissipé la chose donnée, et que l'autre l'ait employée utilement, il semble, d'après les principes ci-dessus énoncés, que ce dernier seul peut être actionné *in quantum locupletior factus est*; mais la loi 7 § 2 h. t. nous dit que les deux donations doivent se compenser ; chaque époux ayant violé la loi de la même manière et dans la même mesure, les choses doivent rester dans le statu quo ; il en serait autrement si l'une des deux libéralités était autorisée entre époux (l. 48, h. t.) ou si, depuis le sénatus-consulte, l'une des donations avait été confirmée par le prédécès du donateur (l. 32, § 9, h. t.)

II. Donations par promesse.

63. « *Et si stipulanti promissum sit, vel accepto latum, nihil valet.* » La sanction est donc la nullité de la promesse ou de l'acceptilation. Les lois 5 §§ 3 et 4, 39 h. t., nous en fournissent des applications ; cette nullité est tellement radicale que la loi 5 § 1, supposant qu'un mari a pour débiteurs correaux sa femme et un tiers, décide que non-seulement si le mari fait acceptilation à sa femme, cette opération juridique est nulle, mais même s'il fait acceptilation au débiteur corréal, la femme reste débitrice pour sa part, car la prohibition des donations entre époux est un obstacle invincible ; le tiers est censé avoir figuré dans l'acceptilation, tant en son nom personnel qu'au nom de sa femme, et à ce dernier titre, son intervention ne pouvait produire aucun effet (1). Voët voit là une conséquence de ce que l'acceptilation ne pouvant être valable pour partie, équivaudrait à un pacte de *non petendo in personam*, fait avec le tiers débiteur (2).

---

(1) M. Glasson à son cours, année 1866.
(2) Pand. h. t. n° 8.

III. Donations indirectes.

64. Elles étaient prohibées aussi bien que les donations directes ; « *ipso enim jure, quæ inter virum et uxorem donationis causâ geruntur, nullius momenti sunt.* » Voyons maintenant les moyens de sanction :

65. 1° La donation peut se cacher sous forme d'un contrat à titre onéreux ; nous avons vu à propos de la vente faite entre époux que si l'intention originaire du vendeur avait été de faire une libéralité à son conjont, tout est nul ; si le vendeur a livré la chose, ou que l'acheteur ait payé le prix, il y a lieu à revendication ou à *condictio sine causa*, suivant les distinctions que nous connaissons ; si, au contraire, l'acte est sérieux et que le caractère avantageux de l'opération s'explique par le désir chez l'une des parties de traiter son conjoint plus favorablement qu'un étranger, la loi respecte alors la convention des parties et donne seulement la *condictio* à l'époux appauvri jusqu'à concurrence de l'enrichissement du donataire; « *si separari possit cætera valere, id quod donatum sit non valere.* » (L. 5, § 5, h. t.), l'opération se dédouble en quelque sorte. L'estimation de la dot valant vente au mari, si elle est trop élevée ou trop faible, et que cette exagération en plus ou en moins ait eu lieu *animo donandi*, il y a donation en faveur de la femme ou du mari, ce qui rend cette estimation nulle, quand même elle serait intervenue avant le mariage : car c'est seulement au jour du mariage que la propriété de la dot est acquise au mari (1). Eut été nulle également la renonciation à la garantie en matière de vente entre époux. (L. 31, § 5.)

66. 2° La donation peut résulter d'actes juridiques nécessi-

---

(1) L. 12, *de jur. dot.*, L. XXIII, T. III. Dig. — La loi 7, § 5 autorise le mari à restituer à son choix la dot en nature ou bien son estimation.

tant l'intervention d'un tiers (1). L'exemple le plus simple est celui que nous fournit la loi 3, § 12, h. t.; cette loi suppose que le mari charge son débiteur de se libérer entre les mains de sa femme, il y a là deux opérations en une : paiement fictif au mari, lequel est libératoire, et donation du mari à la femme, laquelle est nulle. C'est donc le mari qui aura la revendication ou la *condictio*; cette décision d'Ulpien était déjà celle de Celse ; mais un texte d'Africain, qui porte d'ailleurs des traces d'interpolation (L. 58, § 1 *de Solut.* Dig., l. 46, t. 3) envisage les faits dans leur matérialité, et ne voyant là qu'un paiement en exécution d'une donation par le mari à sa femme, déclare ce paiement nul, et donne au débiteur, et non au mari, les actions dont nous venons de parler, sauf le droit pour ce débiteur de se défendre par l'exception de dol, quand le mari exigera son remboursement, mais à charge par lui de céder à ce dernier les actions qui lui compétent. Si le débiteur du mari, sur l'ordre de celui-ci, s'oblige envers la femme, cette promesse est nulle, et s'il paie ensuite, c'est à lui qu'appartiendront les actions, même dans la doctrine de Celse et d'Ulpien ; mais en ayant soin de les céder au mari, il pourra se soustraire aux poursuites de ce dernier et lui opposer l'exception de *dol*. (L. 5, § 3 et L. 39, h. t.).

67. 3° Enfin nous avons vu que la donation peut résulter d'une abstention calculée de la part du donateur. Ainsi le mari a laissé s'éteindre par non usage une servitude qu'il avait sur le fonds de la femme (L. 5, § 6, h. t.) ou il a laissé volontairement absoudre son conjoint quand il pouvait obtenir une condamnation ; dans les deux cas, le mari aura la *condictio sine causâ*. Mais si la femme a reçu d'un tiers l'immeuble du mari à titre de donation (L. 44, h. t.) ou à tout autre titre constituant une *justa causa usucapionis*, pourra-t-elle *usucaper* contre le

---

(1) Voir de Savigny. Appendice X du *Traité du Droit romain.*

mari, si celui-ci reste dans l'inaction (1) ? Quatre hypothèses doivent être envisagées successivement :

68. 1° Les deux époux ignorent que l'immeuble donné appartient au mari, rien ne peut faire obstacle à l'*usucapion*, car il ne peut être question de donation de la part du mari qui ne sait pas qu'il est propriétaire, et par suite n'a pas l'*animus donandi*.

69. 2° Les deux époux savent que le mari est le véritable propriétaire (supposer de plus que la femme a déjà commencé à posséder quand elle découvre la vérité). Cette hypothèse est expressément prévue par le troisième alinéa de la loi 44, mais il s'élève une grave difficulté sur le sens de cette dernière partie du texte, dont voici les termes : « *Sed si vir rescierit suam rem esse, priusquam usucapiatur, vindicare que eam poterit, nec volet et hoc et mulier noverit; interrumpetur possessio quia transit in causam ab eo factae donationis ipsius mulieris scientia. Propius est ut nullum acquisitioni dominii ejus adferat impedimentum : non enim, etc.... »*; avec la ponctuation que nous avons reproduite, et il faut reconnaître que c'est celle des divers manuscrits des Pandectes, Neratius ayant en vue l'hypothèse qui nous occupe, déciderait d'abord qu'il y a donation entre époux, puis à partir des mots : *propius est*, il reviendrait sur son opinion pour déclarer que la prohibition ne doit pas s'appliquer. Pothier et Denis Godefroy ont pensé qu'il fallait un point d'interrogation entre *scientia* et *propius* ; de sorte que la seconde phrase devenant une réponse à la première, la contradiction disparaît. M. de Savigny (2) nous dit même que un journal de Heildelberg a expliqué le texte sans le modifier ; il signifierait que l'*usucapion* basée sur la donation du tiers à la femme a pu s'accomplir au profit de cette

---

(1) En Droit français, l'art. 2253 C. Nap. coupe court à toutes ces difficultés.

(2) Appendice IX, n° X, Traité Dr. rom.

dernière, mais qu'il y a de plus une donation réelle du mari à la femme, donation qui ne peut motiver l'*usucapion*, mais n'y fait pas obstacle. Pour nous, nous adopterons l'opinion de M. de Savigny, reproduite depuis par beaucoup d'auteurs (1), elle consiste à modifier la ponctuation en mettant un point avant les mots *ipsius mulieris, etc...*; de la sorte, Nerotius. prévoit deux hypothèses : celle qui nous occupe et pour laquelle il décide qu'il y a donation prohibée, et par suite obstacle à l'*usucapion ;* en second lieu viendrait le cas où la femme seule a découvert que le mari n'était pas propriétaire, ce qui ne ferait pas cesser l'*usucapion*. Cette explication est d'ailleurs confirmée, ainsi que le fait remarquer M. Machelard, par le texte des Basiliques qui distingue parfaitement les deux hypothèses.

70. 3° La femme seule pendant sa possession découvre que le mari est le véritable propriétaire ; les principes, quelle que soit l'interprétation que l'on donne de la fin de la loi 44, commandent de décider qu'il n'y a pas donation de la part du mari qui ignore sa propriété, ni interruption de l'*usucapion* par suite de la mauvaise foi de la femme, car il est de règle que : *mala fides interveniens non impedit usucapionem.*

71. 4° Le mari seul a su qu'il était propriétaire, mais est resté dans l'inaction *animo donandi ;* sur ce point la loi 44 est certainement muette. Que décider ? Nous ne reproduirons pas les motifs bien faibles donnés par M. de Savigny pour établir qu'il n'y a pas donation, la seule raison plausible qu'il ait présenté, c'est que si l'on traite ce quatrième cas comme le deuxième, il était inutile que le jurisconsulte ajoutât : « *et hoc et mulier noverit,* » nous répondons que nous n'établissons pas entre ces deux situations une asssimilation complète ; dans le deuxième cas la possession est interrompue, par suite d'une sorte de tradition fictive du mari à la femme, laquelle résulte du seul concours des deux volontés ; mais quand le mari seul a su qu'il

---

(1) M. Machelard, op. cit., p. 286 et suiv. — M. Boutry, op. cit. n° 79.

était propriétaire, cette interruption n'est plus possible, et nous pensons avec M. Machelard (1), que la femme devient bien propriétaire par *usucapion*, mais comme le mari aurait pu empêcher cet effet de se produire, il y a même motif que dans le cas d'extinction de servitude par non-usage, pour accorder au mari la *condictio*, et obliger ainsi la femme a lui retransférer la propriété ; ce qui prouve d'ailleurs que cette abstention constitue bien une aliénation, c'est qu'elle donnerait ouverture à l'action Paulienne, si elle avait pour résultat de rendre le mari insolvable ou d'augmenter son insolvabilité (2). C'est pour la même raison que, contrairement à l'opinion de M. de Savigny (append. IX, § XI), nous déciderions que depuis la constitution d'Honorius et Théodose, qui établit que les actions perpétuelles pourront désormais s'éteindre par la prescription de 30 ans, si le mari créancier de sa femme laisse, *animo donandi*, écouler 30 années sans exiger son remboursement, il y a là donation prohibée, et par suite, la créance n'est pas éteinte (3).

CHAPITRE DEUXIÈME.

MODIFICATIONS INTRODUITES PAR LE SÉNATUS-CONSULTE DE SEPTIME SÉVÈRE ET D'ANTONIN CARACALLA.

72. Comme nous l'avons déjà dit, en 206 de l'ère chrétienne fut rendu, sur la proposition d'Antonin Caracalla, du vivant de son père, Septime Sévère, un Sénatus-consulte qui modifia

---

(1) Op. cit., p. 260 et suiv.
(2) Arg. tiré de l'esprit de la loi 3, § 1, *quæ in fraud.* L. 42, T. 8.
(3) M. Boutry-Boissonade, op. cit., n° 80.

notablement la législation des donations entre époux. Ce Sénatus-consulte est attribué dans certains textes à Septime Sévère (1), dans d'autres à Antonin Caracalla (2), dans d'autres enfin à ces deux empereurs (3). Cette dernière solution est la vraie, elle s'explique facilement par cette considération que Caracalla avait été associé à l'empire, et que c'est lui qui aurait fait probablement la proposition (*oratio*) au sénat. On a prétendu aussi que deux sénatus-consulte avaient été rendus, l'un sous Sévère et l'autre sous Caracalla ; nous croyons avec M. Machelard que ce dernier système n'eut jamais été imaginé par Duaren, s'il ne lui avait fourni un expédient pour résoudre une difficulté que nous rencontrerons plus loin (4).

73. Pour comprendre cette innovation, il faut se rappeler que les donations entre époux pouvaient autrefois recevoir effet à la mort du disposant, s'il les avait confirmés par son testament ; cet usage devait être assez fréquent, il y est fait allusion dans la loi 109 pr. *de legat.* 10, L. 21 Dig. — Les empereurs Sévère et Antonin décidèrent que cette confirmation autrefois expresse serait toujours sous-entendue si le donataire avait survécu au donateur, et était mort *durante adhuc voluntate*, car le sénatus-consulte réserve toujours au donateur le droit de se repentir « *Fas esse cum quidem, qui donavit, pœnitere.* » Le motif qui a dicté cette décision est ensuite indiqué par Ulpien « *haeredem vero eripere, forsitan adversus voluntatem suprémam ejus qui donavit, durum et avarum esse.* » (L. 32, §2 h. t.) Dès lors, la donation entre vifs est désormais assimilée à une donation à cause de mort, c'est pour cela que nous allons voir les jurisconsultes lui appliquer les règles établies pour ce mode de disposition.

----

(1) L. 23, h. t. — Loi 10 C. cod. tit. — Fr. Vat. § 276.
(2) Loi 32, pr. et § 1 h. t. — L. 3, pr. h. t.
(3) L. 3, Cod. h. t. — Fr. Vat. § 294.
(4) M. Machelard, op. cit. p. 269, n° 1. — M. Boutry, op. cit. n° 84. — de Savigny, *Traité du Dr. rom.*, n° CLXIV.

74. Aussi la loi 32, § 1 décide qu'elle tombe sous le coup de la loi Falcidie; la const. 27 h. t. C. admet en principe l'effet rétroactif de la confirmation, comme nous l'avons admis pour les donations à cause de mort entre époux; les lois décimaires s'appliquent aussi en cette matière (1): il en reste encore des traces dans divers textes du Digeste, auxquels, dans la compilation justinienne, il faut donner un autre sens, puisque les lois décimaires ont été abrogées en 410 (2). Ainsi la loi 32, § 24, par ces mots : « *fine prœstituto* » fait évidemment allusion à cette ancienne legislation.

75. Une autre conséquence très-importante de cette assimilation, consiste dans la capacité requise chez les parties pour la validité de ces donations ; comme, en définitive, elles ne produisent leur effet qu'à la mort du donateur, à l'instar de donations à cause de mort, il faut que le donateur, au jour de son décès, soit capable de disposer et le donataire capable de recevoir, c'est pour cela que si à ce moment le donateur est devenu esclave d'un particulier, la donation est caduque (L. 32, § 6, h. t.), de même s'il est devenu *servus pœnœ* à la suite d'une condamnation *in metallum*, ou si, pour échapper à une accusation capitale, il s'était donné la mort, ou enfin si sa mémoire avait été flétrie par une condamnation pour haute trahison (L. 3 de bon. cor. Dig. L. 48, T. 21 et L. 32, § 7, h. t.). Constantin, par le const. 24 C. h. t., décida que la libéralité resterait valable au profit de l'époux non coupable, sauf à ne recevoir son effet qu'à la mort du donateur ; Justinien alla plus loin dans le novelle 22 ch. 8, il supprima la *servitus pœnœ*.

76. Par application de la loi *Cornelia testamentaria*, si l'un des époux était fait prisonnier chez l'ennemi, il était réputé mort à l'instant même de la captivité, c'est-à-dire en temps de capacité, sauf application du *jus postliminii* s'il revenait

---

(1) Fr. Vat. § 291 « *fini decimarum auferre non oportere* » nous dit ce texte.

(2) (Loi 2 L. 8, T. 58 C.)

dans ses foyers ; cette fiction imaginée pour les dispositions de dernière volonté devint désormais applicable aux donations entre époux. (L. fin. C. h. t.). Si les deux époux avaient été faits prisonniers en même temps, de même que s'ils étaient morts dans le même évènement, les donations qu'ils avaient pu se faire se trouvaient confirmées, car on ne pouvait dire que le donataire avait survécu, et les termes de l'*oratio* « *si prior vitâ decesserit, qui donatum accepit* » ne pouvaient s'appliquer à ce cas (L. 32, § 14, h. t.).

77. Enfin jusqu'à Justinien, les donations entre époux ne furent pas soumises à la nécessité de l'insinuation (1), c'était la conséquence nécessaire de ce que ces libéralités, nulles en principe, ne devenaient valables que par la fiction d'une confirmation testamentaire (2). Mais ce prince par le const. 25, h. t. exigea qu'elles fussent insinuées quand elles excédaient le chiffre de 500 solides, sinon elles étaient nulles pour l'excédant ; de plus elles avaient un effet rétroactif au jour même de la donation, si elles étaient inférieures à 500 solides, et du jour de l'insinuation dans le cas contraire.

78. Après ces notions générales nous allons étudier avec plus de détail les changements introduits par le Sénatus-consulte de Sévère et Caracalla.

SECTION I. — A quelles donations s'applique le Sénatus-consulte.

79. Le Sénatus-consulte s'applique à toutes les donations comprises dans la prohibition ; telle est du moins notre opinion.

80. Ainsi : non seulement les donations faites par un conjoint à l'autre sont confirmées par la mort du donateur, mais aussi

---

(1) Quant aux donations à cause de mort, il y avait discussion ; Justinien fit cesser cette controverse en décidant que l'insinuation ne serait pas nécessaire (Const. ult. *de donat.* mort. caus. L. 8, T. 47), et qu'il suffirait que la donation fût effectuée en présence de 5 témoins.

(2) De Savigny. *Traité du Dr. rom.*, n° CLXVII *in fine.*

celles que se font les personnes appartenant respectivement à la *familia* de chaque époux ; néanmoins une observation est nécessaire. Si la donation est faite à l'un des époux par la personne sous la puissance de laquelle se trouve son conjoint, par exemple, par un beau-père à sa bru, pour que la confirmation soit possible, nous dit la loi 32, § 16 *in fine*, il faut d'après l'avis de Papinien, que le fils prédécède, et qu'ensuite le beau-père meure, *durante voluntate* ; en effet, si le fils avait survécu au beau-père (1), la donation n'aurait pu être confirmée par la mort du donateur, car à ce moment le mariage durait encore. Il est facile de généraliser cette théorie (L. 32, § 20, h. t.).

81. Mais s'il est certain que toutes les personnes comprises dans la prohibition des donations entre époux jouissent du bénéfice de la nouvelle législation, on est loin d'être d'accord pour étendre les dispositions du Sénatus-consulte aux différentes espèces de donations entre époux déclarées nulles par le droit antérieur. Ce qui a fait naître sur ce point une grande controverse, c'est un texte d'Ulpien qui forme la loi 23 h. t. est qui est ainsi conçu : « *Papinianus recte putabat, orationem divi deveri adrerum donationes pertinere ; Deniqué si stipulanti spopondisset uxori suæ, non putabat conveniri posse hæredem mariti licet durante voluntate maritus decesserit.* » De ce texte il résulte en effet d'une manière irrésistible que le Sénatus-consulte ne concerne que les *donationes rerum*. Cependant d'autres fragments non moins formels tirés également du commentaire d'Ulpien *ad Sabinum* donnent une décision diamétralement contraire ; telle est la loi 32 qui dans son § 1er s'exprime ainsi : *Oratio pertinet........ ad omnes donationes.... ut et ipso jure res fiant ejus cui donatæ sunt et obligatio sit civilis ;* et plus loin § 23 : « *sive obligatio sit remissa, potest*

----

(1) Pothier. Pand. Just. h. t. n° XC, n° C.

*dici donationem affectum habituram, et generaliter uni-
versæ donationes..... ex oratione valebunt. »*

82. Pour expliquer ces contradictions trois systèmes ont
trouvé des défenseurs ; le premier qui est aujourd'hui peu suivi
et auquel nous avons fait allusion plus haut, admet l'existence de deux Sénatus-consultes, l'un rendu sous Sévère qui
n'aurait concerné que les *donationes rerum*, et l'autre,
rendu sous Antonin Caracalla, qui aurait généralisé l'innovation ; au premier se rattacherait l'opinion de Papinien, et au
second les autres décisions des textes du Digeste et du Code.
Cette opinion émise par Duaren (1), ne peut prévaloir contre
l'assertion d'Ulpien, jurisconsulte contemporain, qui dans la loi
33, pr. h. t. parle d'un seul Sénatus-consulte.

83. Mais entre les deux autres systèmes, la controverse est
vive : l'un prétendant que le Sénatus-consulte ne s'applique
qu'aux *donationes rerum* ; l'autre, qu'il concerne toute espèce
de donations.

84. Le premier (2), se fonde d'abord sur la loi 23 h. t. qui
reproduit l'opinion de Papinien, et nous fait connaître l'adhésion
(*recte*) donnée par Ulpien à la décision de Papinien ; cette
solution, ajoute-t-on, est forcée en présence des termes mêmes
de l'*Oratio : « hæredem vero eripere forsitan, etc.... »* Ce
mot : *« Eripere »* suppose évidemment une *donatio rerum*,
on ne s'exprimerait pas ainsi s'il s'agissait d'une donation par
stipulation ; d'ailleurs, une promesse de donner n'indique pas
chez le disposant une intention libérale aussi accusée qu'une
donation réalisée.

---

(1) Duaren, ad lit. de donat. int. vir. et ux.

(2) Cette opinion d'ailleurs ne refuse en réalité d'appliquer le Sénatus-
consulte qu'aux donations par promesse ou par remise de dette ; nous
verrons plus loin en effet qu'elle admet qu'une cession de créance à titre
gratuit entre époux, peut-être confirmée par le prédécès du donateur.

85. La dernière opinion répond à la précédente par les termes décisifs de la loi 32, § 1 et § 23. Aux expressions « *omnes donationes* » du § 1, et « *universæ donationes* » du § 23, on ne peut rien opposer; quant aux mots « *et obligatio sit civilis,* » on veut soutenir qu'ils font allusion, non pas à une donation par stipulation, mais à une cession de créance (1) faite par l'un des époux à l'autre; ce dernier, constitué *procurator in rem suam*, verrait, par la mort de son conjoint, la créance cédée devenir sienne, et, par suite, un lien obligatoire « *obligatio* » s'établir entre lui et le cédé, mais c'est là une erreur évidente, car en droit romain, la créance ne passe jamais du cédant au cessionnaire; ce dernier n'est qu'un mandataire dispensé de rendre compte; enfin, Vinnius cherche à échapper aux mots : « *et obligatio sit remissa* » par la fiction d'une tradition *brevi manu*, il y aurait là *res soluta et mox reddita*, c'est encore un subterfuge inadmissible.

86. Les textes formels de la loi 32, §§ 1 et 23, sont d'ailleurs corroborés par les décisions non moins expresses de la loi 33 h. t., qui admet que, dans le cas où le mari a stipulé de la femme, ou réciproquement, une rente annuelle, cette stipulation, faite *animo donandi*, peut être confirmée par le prédécès du donateur; — oui, répond-on, quant aux paiements effectués à cette époque, mais non quant aux paiements à venir. Mais pourquoi cette distinction que rien, dans la loi 33, ne peut faire supposer?

87. Ajoutons enfin que la loi 2, C. *de dote caut.*, L. 5, t. 15, contient encore une solution favorable au système qui admet l'interprétation extensive du Sénatus-consulte.

88. Cependant, il faut répondre à l'argument tiré de la loi 23 h. t. Il est certain, d'après ce texte, que Papinien, s'attachant peut-être d'une manière un peu trop servile aux termes de l'*Oratio*, en restreignait l'application aux *donationes rerum*

----

(1) Pothier, Pand. h. t., n° LXXVI.

mais ce que nous ne pouvons croire, c'est qu'Ulpien ait jamais été de cet avis; aussi, nous pensons que la loi 23 a été remaniée par les commissaires de Justinien. Seulement, parmi ceux qui partagent cette opinion, il y a désaccord quand il s'agit de déterminer quelle a été au juste la nature de cette interpolation; les uns (1) pensent que la première phrase de la loi nous a été conservée sans modification, et que dans la deuxième partie du texte, Ulpien, au lieu de « *non putabat,* » disait par exemple, « *non recte putabat,* » désapprouvant ainsi l'opinion de Papinien, en ce qui concerne les donations par stipulation; d'autres (2) trouvent peu naturel le langage que cette restitution prêterait à Ulpien, et préfèrent supposer que c'est la première partie du texte qui aurait été corrigée, précisément par l'addition de ce mot *recte*; quoiqu'il en soit, de toutes ces conjectures, il nous paraît certain que Tribonien a voulu mettre la doctrine d'Ulpien en harmonie avec celle de Papinien, en donnant, suivant une vieille tradition, la préférence à la décision de ce dernier. Du reste, cette correction malheureuse n'eut d'autre résultat que de jeter le doute le plus grand sur l'état de la question dans le droit de Justinien; en effet, il ne tarda pas à s'élever sur ce point des controverses, et l'Empereur fut obligé de les trancher par une constitution qui forme la novelle 162, ch. 1er, et par laquelle il consacra l'opinion d'Ulpien.

89. Quant aux donations indirectes entre époux, elles jouissaient, comme les autres, du bénéfice du Sénatus-consulte (L. 32, § 26 h. t.); il se produisait même un effet remarquable dans le cas de société entre époux contractée *animo donandi* ; c'est que, si cette opération était nulle, d'après les principes généraux en matière de société, et ne pouvait pas seule engendrer l'action *pro socio*; néanmoins, quant aux objets mis en commun par

---

(1) De Savigny, Tr. du dr. rom., n° CLXIV. — M. Boutry, op. cit, n° 102.
(2) M. Machelard, op. cit., p. 281 et note.

les époux, il y avait une donation effectuée par tradition, laquelle pouvait être confirmée par le prédécès du donateur; aussi, en pareil cas, l'action *communi dividundo* devait-elle être accordée (L. 36, § 24 h. t.).

SECTION II. — Cas dans lesquels la confirmation n'est pas possible.

90. Ces cas sont assez nombreux; nous allons les étudier successivement.

91. 1. *Prédécès du donataire.* — Le Sénatus-consulte, qui s'était proposé de protéger l'époux donataire contre la cupidité des héritiers du donateur, devait nécessairement exiger, comme condition essentielle de la validité de la donation, la survie du donataire; seulement, comme en cette matière, la règle est la nullité, et que c'est seulement grâce au bénéfice d'une législation plus favorable que cette nullité peut se trouver couverte par la mort du donateur, il semblerait que si les deux époux meurent dans le même événement, pour que la libéralité pût sortir à effet, il faudrait prouver la survie du donataire; mais l'assimilation faite par les jurisconsultes de la donation entre époux avec les donations à cause de mort, les a conduits à décider que, en pareil cas, la libéralité est valable, sauf aux héritiers du donateur à prouver le prédécès du donataire; cette solution peu logique (1) a été étendue au cas où les deux époux ont été faits prisonniers en même temps; nous avons traité ce point précédemment (L. 32, § 14 h. t.).

92. Il faut ici mentionner une décision, plus équitable que juridique, contenue dans la loi 32, § 18 h. t. Ulpien suppose qu'une bru a fait donation à son beau-père; le beau-père pré-

---

(1) M. Machelard, op. cit., p. 291.

décède, la donation devrait être caduque; cependant, si le mari survit à sa femme et qu'il soit seul héritier du beau-père, le jurisconsulte décide que cette libéralité sera censée reportée sur la tête du mari et par conséquent validée; c'est là une interprétation de l'intention présumée de la donatrice, mais il faudrait se garder de généraliser cette idée et de l'étendre à d'autres cas.

93. La servitude du donataire produisait le même effet que la mort (L. 32. § 6, h. t.)

94. II. *Révocation de la donation.* — « *Fas esse eum qui donavit pœnitere,* » disait l'*Oratio.* C'était encore là une ressemblance entre les donations entre époux et les donations à cause de mort. Il n'était pas nécessaire que cette révocation fut expresse, elle était même le plus souvent tacite; aussi ne fallait-il tenir compte de la *pœnitentia suprema,* peu importait d'ailleurs que dans l'intervalle entre l'époque de la donation et celle du décès du donateur, celui-ci eut varié dans son intention libérale « *ut sit ambulatoria voluntas ejus.* » En cas de doute sur la volonté dernière du disposant, on maintenait la donation (L. 32. § 3-4.)

95. Les textes nous indiquent plusieurs exemples de révocation tacite.

96. La donation était censée révoquée quand le donateur avait aliéné ou donné en gage les objets sur lesquels elle portait (Const. h. t.) Cependant si le donateur avait réservé que la donation subsisterait malgré l'impignoration, la loi 32, § 5 h. t., décide que cette clause doit recevoir effet, pourvu que le donataire fût en possession et consentît à désintéresser le créancier; celui-ci d'ailleurs était tenu de lui céder ses actions, à peine de voir son action paralysée par l'exception de dol. Justinien par la novelle 162 chap. 1er § 1er, modifia cet état de choses, e t décida que désormais le fait seul de la mise en gage ou de l'hypothèque de la chose donnée n'emporterait plus révocation. D'ailleurs cette règle beaucoup plus rationnelle avait toujours

été admise en matière de legs (**Jnst.** L. II, T. 20 § 12), elle avait été ensuite étendue aux donations à cause de mort (**Jnst.** L. II, T. 7 § 1er). Le legs de la chose donnée révoquait aussi la donation (L. 32, § 15. h. t.).

97. Nous pensons qu'il faut aussi étendre aux donations entre vifs la décision que donne la loi 22 h. t., dans le cas de donation entre époux à cause de mort. Ce texte supposant que l'un des conjoints a institué son esclave *cum libertate*, et l'a ensuite donné à l'autre époux, décide que la donation révoque l'institution ; si la donation a précédé l'institution, le jurisconsulte est encore d'avis que la donation subsiste ; seulement l'hérédité sera acquise au conjoint par la personne de l'esclave précédemment donné : pour que la donation fut révoquée il faudrait que le disposant eût manisfesté expressément cette intention en instituant l'esclave.

98. III. *Divorce des époux.* — Avant *l'Oratio* de Sévère et d'Antonin, le divorce était déjà une cause de caducité des donations à cause de mort faites entre époux. C'était une interprétation très-naturelle de l'intention présumée (1) des conjoints ; (L. 11, § 10, h. t.) ; mais depuis que le Sénatus-Consulte eut autorisé les donations entre vifs en les rendant révocables au gré du conjoint donateur, il y avait même raison de leur appliquer les mêmes principes ; aussi les jurisconsultes n'hésitèrent pas à décider que les libéralités entre vifs seraient révoquées par le divorce des conjoints; pour qu'elles fussent maintenues, une confirmation testamentaire expresse fut déclarée nécessaire (L. 32, § 10, L. 62, § 1 h. t. — Const. 18, h. t.) Si le mariage était ensuite rétabli et, *voluntate donatoris reconciliatâ*, la donation renaissait et pouvait être validée par le prédécès du donateur (L. 32, § 11, et L. 62, § 1er *a contrario* h. t.).

99. Des froideurs entre époux ou une séparation d'habitation

---

(1) On n'examinait pas en fait si le divorce avait eu lieu ou non *bond gratiâ*.

nécessitée par les fonctions du mari ne révoquait pas les donations (L. 32, §§ 12 et 13 h. t.).

100. Enfin si à l'époque de Sévère et Antonin, le beau-père ne pouvait plus dissoudre le mariage de son enfant en envoyant le libelle du *repudium* à son gendre ou à sa bru ; cet envoi produisait néanmoins cet effet remarquable, c'était de révoquer les donations par lui faites aux personnes de la *famlia* à laquelle appartenait le conjoint qui avait reçu le libelle (L. 32, §§ 19 et 20 h. t.) ou à lui faites par ces personnes.

101. IV. *Divers cas où la confirmation est impossible.* — On peut citer le cas où l'un des conjoints était émancipé ; cette émancipation le faisant sortir de sa famille, les donations à lui faites par ceux sous la puissance desquels se trouvait son conjoint, ou celles faites à son conjoint par ceux sous la puissance desquels il se trouvait, ou réciproquement, ne pouvaient plus être confirmées, car on était en dehors des termes du Sénatus-Consulte (L. 32, § 21 h. t.) — La confirmation était encore impossible, si à sa mort, le donateur était incapable de disposer de ses biens (L. 32, § 7, abrogée par la Const. 24 h. t. C. — Voir ci-dessus n° 75). Nous ne parlerons pas de la captivité de l'un des époux car elle ne produit aucun effet si le conjoint revient dans ses foyers ; sinon elle se confond, comme nous l'avons vu, avec la mort, et l'on retombe dans le cas de décès du donataire ou du donateur.

102. *Observation.* — Comme les donations entre époux étaient nulles en principe, même depuis le Sénatus-consulte, si le donateur les avait exécutées de son vivant, et qu'ensuite, par l'une des circonstances ci-dessus énumérées, elles ne pussent être confirmées, on retombait dans le cas de l'ancienne prohibition (*veteri jure statur* dit la loi 32, § 10 h. t.) et le donateur ou ses héritiers, avait à sa disposition les moyens d'action indiqués dans le chapitre précédent, aussi n'avons nous plus à en parler. Remarquons cependant que désormais nous n'avons plus besoin de nous appuyer sur les principes de la *condictio*, pour

soutenir que le donateur ne peut condicere que jusqu'à concurence de l'enrichissement du donataire, car *l'Oratio* le décidait expressément (L. 39, § 9. h, t.).

CHAPITRE TROISIÈME.

DES SECONDES NOCES.

103. Les lois Julia et Pappia Poppéa avaient favorisé d'une manière toute spéciale les seconds et subséquents mariages entre personnes ayant encore l'âge requis par ces lois ; c'est-à-dire moins de 60 ans pour l'homme et 50 ans pour la femme. Cependant la loi Julia avait accordé à la femme veuve ou divorcée un délai (*vacatio*) pendant lequel elle était à l'abri des peines du célibat, un an pour la veuve, six mois pour la femme divorcée ; la loi Pappia avait ensuite étendu ce délai à deux ans pour la veuve et dix-huit mois pour la femme divorcée (1). Les mêmes incapacités atteignaient le citoyen veuf ou divorcé, seulement aucune *vacatio* ne lui avait été concédée ; de plus ces déchéances pouvaient être paralysées au moins en partie par le *jus pacrum* ; c'était probablement cet état de *pater* veuf ou divorcé et non remarié qui constituait ce que Ulpien appelle le *solitartus pater* ; d'ailleurs sur ce point les documents manquent complètement (2).

104. Mais toutes ces étranges dispositions des lois caducaires devaient disparaître devant la législation des Empereurs chré-

---

(1) Ulp. Reg. Tit. xiv.
(2) Ulp. Reg. Tit. xiii. Voir sur ces points obscurs M. Machelard sur l'accroissement.

tiens. C'est le sort des enfants du premier lit qui va être l'objet de leurs préoccupations ; et par suite c'est dans ce cas seulement où la première union avait été féconde que s'appliquent les constitutions que nous allons étudier. Remarquons cependant que de tout temps il fut prescrit aux veuves de porter pendant dix mois le deuil de leur mari, à peine d'infamie si elles convolaient plus tôt à de secondes noces (L. 11, § 1er *de his. qui not. in-fam.* L. 3. T. 2, Dig.). Ce délai fut étendu à une année par les Empereurs Gratien, Valentinien II et Théodose Ier (381 de notre ère) (1).

LÉGISLATIONS DES SECONDES NOCES SOUS LES EMPEREURS DU BAS-EMPIRE.

105. Trois constitutions importantes forment la base de cette nouvelle législation ; elles ont passé dans notre ancien droit français, et la dernière a même été reproduite dans l'article 1098 du Code Napoléon ; elles sont généralement désignées d'après leurs premiers mots, sous le nom de Constitutions *Fœminæ quæ, Generaliter, et Hac edictali ;* nous allons les étudier rapidement et dire quelques mots des modifications que le droit postérieur leur a fait subir.

106. I. *Constitutions Fœminæ quæ et generaliter ; Constitutions et novelles qui les ont modifiées.* — C'est aux Empereurs Gratien, Valentinien II et Théodose Ier, que remonte la Constitution *Fœminæ quæ* (an 382) (2) ; elle décide que la veuve remariée ayant des enfants d'un premier lit sera tenue de conserver à ces enfants ou à celui d'entre eux

---

(1) Const. 2, *de secund. nupt.* L. 5, T. 9.
(2) Const. 3, cod. tit.

qu'elle désignera tous les gains nuptiaux qui lui proviennent de son premier mari, à titre de libéralité à cause de mort ou entre vifs ; si elle succède à l'un de ses enfants, les biens qu'elle recueillera dans la succession de ce dernier auront le même sort que les gains nuptiaux qu'elle tient de son mari ; cependant elle conservait, sa vie durant, l'usufruit de tous ces biens réservés, et pouvait même en acquérir la pleine propriété, si elle survivait à tous les enfants de son premier mariage. La constitution 4 h. t. étendit ce bénéfice aux enfants du second lit, pour les biens que la femme convolant à de troisièmes noces avait reçus de son second mari.

107. En 426, Théodose II et Valentinien III déclarèrent que la femme remariée qui succède à l'un de ses enfants du premier lit, n'est obligée de conserver aux autres enfants du même lit qne les biens que le *de cujus* tenait de son père prédécédé (1).

108. En 444, les mêmes Empereurs étendirent au veuf qui convole à de secondes ou subséquentes noces les dispositions de la loi *Fœminæ quæ*, et des constitutions qui l'avaient modifiée ; telle est la décision de la constitution *Generaliter* (2), qui déclare en outre que, pour avoir droit à ces réserves, les enfants n'ont pas besoin d'être héritiers de leur auteur prédécédé, mais seulement du dernier mourant.

109. Nous n'entrerons pas dans l'examen de toutes les modifications apportées par Justinien à cet état de choses ; la législation de cet Empereur sur cette matière, comme sur beaucoup d'autres, nous présente une prolixité de décisions, qui en rend l'étude très-fastidieuse, en même temps que peu utile, nous nous contenterons de citer les points les plus importants réglés par les constitutions et les novelles.

110. La Constitution 9, § 1er *de secund. nupt.* étendit au cas de divorce, même *boná gratiá*, les dispositions édictées

---

(1) Const. 5, *ad. S. C. Tertyll.*
(2) Const. 8. *de secund. nupt.*

par les constitutions *Fœminæ quæ* et *Generaliter*, en cas de dissolution du mariage par la mort de l'un des conjoints. La constitution 8, pr. cod. tit. reconnut aux petits enfants, nés d'un enfant décédé avant le convol, le droit aux gains nuptiaux par représentation de leur auteur; et dans le cas où ce dernier ne laisserait pas d'enfants, la Constitution 11 déclare que ses héritiers quelconques pourraient aussi réclamer ces biens réservés, déduction faite de la part attribuée à l'époux survivant en cas d'*orbitas*, par le pacte *non existentium liberorum;* enfin depuis Léon et Anthémius, les enfants eurent une hypothèque légale sur les biens de la mère remariée, pour garantir la restitution des gains nuptiaux (Const. 6, § 2, h. t.). Justinien étendit cette hypothèque aux biens du père remarié. (Const. 8, §§ 4 et 5, h. t.)

111. Quant à la législation postérieure, elle est contenue dans les novelles II, XXII, XCVIII et CXXVII, en voici les dispositions principales :

112. La novelle II, ch. 1er enlève à l'époux survivant la faculté de choisir entre ses enfants pour attribuer aux uns au détriment des autres le droit aux gains nuptiaux. Dans son ch. 2, elle décide que les aliénations des biens réservés faites avant le convol doivent être révoquées si quelque enfant du premier lit survit à l'époux remarié.

113. La novelle XXII dans son chap. 20 déclare que désormais quand le conjoint, non remarié, disposera d'une partie de sa fortune au profit d'étrangers, et de l'autre au profit de ses enfants, ceux-ci succèderont toujours exclusivement aux gains nuptiaux, à moins de réserves formelles de la part du testateur; dans son chap. 46, elle fait revivre la const. 5, ad. S. C. Tertyll. momentanément abrogée par la novelle II, chap. § 1er.

114. La novelle XCVIII, chap. 1er, afin d'assurer dans tous les cas aux enfants la propriété des gains nuptiaux, décide que le conjoint, même non remarié, n'en aura plus que l'usufruit; la nue-propriété restant acquise aux enfants et transmissible à

leurs héritiers ; mais la novelle CXXVII, chap. 3, reconnaissant ce qu'il y a eu d'injuste à assimiler ainsi l'époux non remarié à l'époux remarié, accorde au premier, outre l'usufruit, une part d'enfant en toute propriété dans les gains nuptiaux.

115. II. *Constitution Hâc edictali ; constitutions et novelles qui l'ont modifiée.* — Les dispositions législatives que nous venons d'étudier assuraient bien aux enfants du premier lit la propriété des gains nuptiaux émanant de leur auteur prédécédé ; mais il restait un danger beaucoup plus grand que celui auquel avait remédié les constitutions *Fœminæ quæ* et *Generaliter ;* on comprend en effet que l'époux survivant qui veut se remarier, dans le but de faciliter une union que vient entraver sa situation de veuf ayant des enfants, ne craint pas le plus souvent de faire à son futur époux des libéralités anté-nuptiales ou testamentaires, en disproportion avec sa fortune personnelle, et cela au grand détriment des enfants du premier lit. Aussi est-ce avec raison que les empereurs Léon et Anthémius, par la constitution *hâc edictali* (const. 6, *de secund.* nupt.) en 469, établirent que le conjoint survivant ayant des enfants, qui contracte un second ou subséquent mariage, ne pourrait disposer en faveur de son nouvel époux, à titre de donation à cause de noces ou à titre de dot ou bien par testament, donation entre vifs ou à cause de mort, de plus d'une part d'enfant de l'un ou de l'autre lit, calculée sur ce qui revient à celui qui prend le moins ; cette constitution accordait même aux enfants du premier lit le droit exclusif aux biens retranchés, c'était évidemment aller trop loin ; aussi Justinien, par la const. 9, pr. eod. tit., établit-il que désormais ceux du second lit partageront avec ceux du premier lit le profit de la réduction ; mais plus tard, par une inexplicable fantaisie, il abrogea dans le chapitre 27 de la novelle XXII cette heureuse innovation et revint au système de la loi *hâc edictali.*

116. Dans le chapitre 31 de cette même novelle, Justinien défend aux époux de diminuer la dot ou la *donatio anté nup-*

tias, sous prétexte qu'elle dépasserait le taux de la loi *hâc edictali* : c'était encore, ainsi que le fait remarquer judicieusement M. Boutry (1), une faveur accordée aux enfants du premier lit qui profitaient exclusivement du retranchement.

117. Enfin Justinien (nov. 22, ch. 28) décide formellement que pour calculer la part d'enfant à laquelle doit être réduite la libéralité faite par l'époux binube à son conjoint, il faut se placer au moment de la mort du donateur ; ce n'est là, du reste, que l'application des règles ordinaires en matière de disponibilité.

----

(1) Op. cit., n° 136.

DEUXIÈME PARTIE.

> ...... Durant le mariage, l'amitié se doit entretenir et conserver par honneur et en l'intérieur du cœur, et non par dons (Coquille, quest. 149).
>
> ...... Autrement, les conjoints par mariage qui n'auraient point d'enfants, se donneraient tous leurs biens l'un à l'autre et feraient passer des successions opulentes dans des familles étrangères (Ferrières, art. 282, Cont. de Paris, Glose 1, n° 6).

DROIT BARBARE.

118. Nous nous sommes arrêté dans l'*étude* du droit romain à l'époque des novelles de Justinien, nous pourrions suivre le développement de cette législation dans nos pays de droit écrit, et nous arriverions ainsi, sans interruption, aux lois de la révolution et à notre droit moderne ; mais, pour le moment, il est préférable de porter un instant nos regards d'un autre côté : nous allons donc interroger les anciennes traditions celtiques et surtout les lois des Barbares qui, après la conquête, sont restées longtemps en vigueur sur le sol de la France, et dont la fusion avec les usages locaux devait donner naissance, dans les contrées du Nord, au droit coutumier.

Droit celtique. — 119. Nous n'avons presque pas de documents sur la législation des Celtes; c'est à peine si l'on peut considérer, comme des monuments du droit celtique, les quelques fragments que nous possédons des institutionsde Moëlmud, rédigées par ce prince après que les anciens Bretons, fuyant la conquête danoise, s'étaient réfugiés dans le pays qui forme aujourd'hui la province de Galles; il faudrait y joindre aussi les lois du pays de Cambrie, postérieures de près de cinq siècles aux institutions de Moëlmud (vers 950); ainsi que les très-anciennes coutumes de Bretagne, rédigées vers 1330, mais qui reproduisent des usages bien antérieurs à cette époque.

120. Le seul document qui nous intéresse, au point de vue des donations entre époux, est un passage des Commentaires de César, qui nous retrace en quelques mots le régime matrimonial des Gaulois au moment de la conquête romaine; bien que ce fragment ne traite pas du sujet qui nous occupe, il peut servir néanmoins à établir que les Gaulois ne connaissaient pas les donations entre époux; voici comment il est conçu: « *Viri quantas pecunias ab uxoribus, dotis nomine, acceperunt, tantas ex suis bonis, æstimatione factâ, cum dotibus communicant. Hujus omnis pecuniæ conjunctim ratio habetur, fructus que servantur. Uter eorum vitâ superarit, ad eum pars utriusque, cum fructibus superiorum temporum, pervenit* (VI, 19). » De ce texte, il résulte que l'apport du mari et celui de la femme étaient nécessairement égaux, qu'ils devaient être mis en réserve pendant le mariage, et à sa dissolution, attribués au survivant des époux avec les fruits qu'ils avaient produits, ou au moins leur valeur.

121. Ces quelque renseignements, qui nous ont été transmis par César, permettent de conjecturer, avec M. Lafférière (1), que chez les Gaulois, les donations entre époux n'étaient pas permises; sinon, à quoi bon exiger cette égalité rigoureuse

---

(1) *Histoire du Droit,* t. II, p. 84.

dans les apports, si, pendant le mariage, les époux eussent pu, à leur gré, se faire telles libéralités que bon leur semblait; les dispositions à cause de mort elles-mêmes devaient être prohibées, car la loi, en réduisant le régime matrimonial à un gain de survie, avait pourvu par là au sort du conjoint survivant.

122. Mais devons-nous, comme le savant jurisconsulte dont nous reproduisons les idées, aller jusqu'à voir là l'origine du don mutuel qui occupe une si grande place dans l'histoire des donations entre époux? C'est ce que nous examinerons plus loin.

Droit germanique. — 123. Quand les Barbares firent invasion dans les Gaules, la conquête romaine y avait implanté depuis plusieurs siècles son organisation administrative et sa législation. C'était le droit romain qui régissait les anciens Gaulois, et la plupart des constitutions promulguées à Rome ou à Constantinople, l'étaient presque aussitôt dans la préfecture des Gaules. Du reste, les Gaulois aussi bien que les Romains pouvaient être appelés aux différentes charges de l'Empire.

124. Ce fut l'empereur Claude qui, après une vive discussion dans le Sénat (1), conféra à toute la noblesse de la Gaule chevelue le *jus civitatis* et le *jus honorum;* bientôt même, grâce à la constitution d'Antonin Caracalla, tous les Gaulois jouirent du droit de cité; cette constitution eut pour effet de modifier notablement la condition juridique des habitants des provinces; jusque-là ils étaient régis par l'*edictum provinciale ;* devenus citoyens romains, les lois, sénatus-consultes, constitutions impériales, tout l'ensemble du droit romain leur fut applicable; et c'est ainsi qu'une constitution, rendue dans un intérêt purement fiscal, eut pour effet de relier plus étroitement les provinces à l'Empire et produisit des résultats, dont son auteur était loin de se douter lorsqu'il la promulguait.

---

(1) Tacite, annal. XI, 23-25.

125. On voit donc que les Barbares, en pénétrant dans les Gaules, se trouvèrent en présence d'une population véritablement romaine, non-seulement par ses institutions, mais presque par le cœur; des anciens Gaulois, il ne restait guère que le souvenir; avec le druidisme avait disparu le sentiment national. Pendant longtemps les Francs, alliés des Romains, avaient défendu la barrière du Rhin contre les aggressions des Barbares, jusqu'au moment où, voyant l'empire d'Occident s'écrouler de toutes parts, ils devinrent envahisseurs à leur tour.

126. Ils apportèrent en Gaule avec leurs lois, les usages germaniques, et ce sont ces institutions que nous allons rapidement examiner dans leurs rapports avec notre sujet.

127. C'est surtout dans les libéralités qui accompagnent habituellement le mariage que la législation des peuples de la Germanie se présente sous une physionomie qui lui est propre. Chez eux, la famille est fortement organisée ; tous les membres se trouvent sous la puissance d'un chef qui a sur eux le *mundium* ; ce *mundium* appartient au père, et à défaut du père au plus proche parent mâle ; celui qui l'exerce prend le nom de Mundeburg ou Mundwald.

128. Le mariage avait précisément pour effet de faire sortir la femme de sa famille, pour la faire passer sous le *mundium* de son mari, ou de celui sous le *mundium* de qui il se trouvait ; c'est là l'origine de la *dos* fournie par le mari à la famille de la femme (1), comme compensation du *mundium* qu'elle perdait ; la femme de son côté apportait certains objets qu'elle recevait de son père en se mariant, ce que l'on appelait *faderfium* (argent du père), ou *maritagium*. Du reste (à défaut de conventions spéciales), la plupart des lois barbares

____

(1) Tacite. Germanie, ch. XVIII. — *Dotem non uxor marito, sed uxori maritus offert.*

fixaient le montant de la dot due par le mari (1). Cette dot qui, de bonne heure, fut payée à la femme et non plus à sa famille, lui appartenait en pleine propriété, et, à sa mort, elle la transmettait à ses enfants; mais en cas de mort sans enfant, suivant l'opinion la plus générale, elle retournait au mari ou à ses héritiers (2); dans cette dernière hypothèse il n'y avait au fond, en laissant de côté toute subtilité juridique, qu'un véritable droit d'usufruit. Il paraît même que de bonne heure l'usage s'introduisit de ne reconnaître à la femme que l'usufruit de la dot apportée par le mari (3).

129. Une autre espèce de libéralité faite par le mari à sa femme était le morgengabe. Elle avait lieu le lendemain du mariage, comme son nom l'indique (don du matin). C'était, comme on disait, le *pretium virginitatis*; aussi les veuves n'y avaient-elles pas droit, ou plutôt le don qui leur était fait portait-il un autre nom, on l'appelait dans la coutume d'Altorf (4), abendgabe (don du soir). Cette institution du morgengabe présente une analogie frappante avec le douaire, surtout quand on la rapproche de ce vieux proverbe coutumier, reproduit par l'article 101 de l'ancienne coutume de Bretagne : « au coucher femme gagne son douaire. » Seulement le douaire était dû à la femme survivante indépendamment de toute convention, tandis que le morgengabe n'était pas imposé au mari par les lois barbares; on lui avait conservé son aspect originaire; c'était l'élan spontané d'un cœur satisfait. Cependant la loi des Lombards fixa le chiffre du morgengabe au quart de la

(1) M. Kœnigswarter (*Revue de législation*, année 1849, p. 168). Voir les différents tarifs établis par les lois barbares.

(2) Laboulaye, *Condition juridique des femmes*, p. 121. — Kœnigswarter, *Revue de législation*, année 1843, p. 405. — *Contrà*. Genouilhac, *Histoire du régime dotal*, p. 192-198.

(3) *Revue historique de droit français*, année 1868. Art'cle de M. d'Olivecrona, p. 265.

(4) Laboulaye, loc. cit., p. 124.

fortune du mari. Bientôt ce ne fut plus qu'un droit d'usufruit qui finit par devenir légal et qui, se confondant avec l'ancienne dos germanique, prit le nom de *dvarium* et ensuite douaire.

130. Dans le midi de la France, où le droit romain n'avait pas subi l'influence germanique, la donation *ante nuptias*, l'*osculum* (baiser des fiançailles) introduits par la législation des Empereurs, étaient restés en vigueur et constamment appliqués; cela correspondait à la dos et au morgengabe.

131. En cas de second mariage, la femme gardait sa dos, quant au morgengabe, faut-il décider de même? il y a controverse sur ce point. Deux lois barbares, celle des Bavarois et celle des Burgondes ont prévu la question et donnent chacune une solution différente; mais, ce qui est certain, c'est que la veuve devait payer à la famille de son ancien époux, à titre de réparation à la mémoire de ce dernier, une somme minime connue sous le nom d'*achasius*, tandis que le second mari payait de son côté au plus proche parent mâle du premier mari le prix d'acquisition du *mundium* sur sa femme, c'était le *reipus*.

132. Jusqu'ici, nous ne nous sommes occupé que des libéralités qui intervenaient soit au moment même du mariage, soit aussitôt après sa consommation; reste à savoir si les lois des Germains autorisaient les donations entre époux pendant le mariage. L'affirmative paraît certaine, car une législation qui permet et favorise les avantages faits par le mari à sa femme le lendemain des noces, c'est-à-dire au moment où le feu de la passion est le plus ardent, se montre par là même peu soucieuse de prévenir les donations inconsidérées que l'un des époux pourrait faire à l'autre. D'ailleurs les lois barbares, pour la plupart, sont muettes sur cette question; les seules qui y fassent allusion sont : la loi ripuaire qui dans son titre XLVIII prévoit le cas de donation du mari à la femme, ou de la femme au mari, et en reconnaît expressément la validité; la loi des Visigoths qui, en prohibant ces libéralités pendant la première

année du mariage, les autorise par là même pour le temps postérieur; enfin la loi de Luitprand (art. 102) qui, sous l'influence sans doute des idées romaines, défend au mari de rien donner à sa femme en dehors de la *meta* (dos) et du morgengabe (1). En faisant de cette prohibition un article spécial, la loi lombarde permet de conjecturer *a contrario* qu'elle déroge au droit commun des législations barbares.

ANCIEN DROIT FRANÇAIS.

133. Au commencement du XIIe siècle, nous assistons à la naissance d'une période nouvelle de l'histoire du Droit; le régime féodal depuis l'édit de Kiersy-sur-Oise (887) s'était puissamment développé sur le sol de la France ; avec lui étaient nées les justices seigneuriales, conséquences nécessaires du droit de foi et hommage dû par le vassal à son seigneur ; de personnelles, les lois étaient devenues territoriales. En même temps, ce fractionnement des juridictions créait autour de chacune d'elles une sorte de jurisprudence, qui devait bientôt engendrer toutes ces coutumes, dont la variété surtout s'affirme dans la matière des donations entre époux.

134. Tel était l'état de notre pays, quand la découverte du manuscrit de Florence donna à l'étude du droit romain un nouvel essor; l'école des glossateurs, depuis Irnérius jusqu'à Accurse, dota la science du droit d'interprétations ingénieuses des textes de Justinien; le mouvement parti de Bologne s'étendit dans tout le midi de la France ; Le Digeste et le Code péné-

---

(1) Kœnigswarter, *Revue de législ.*, 1843, p. 103.

trèrent dans ces contrées où l'on appliquait encore les dispositions déjà surannées du bréviaire d'Alaric, c'est-à-dire le droit
de Théodose et surtout les novelles de Justinien, dont l'introduction chez nous précéda de plusieurs siècles la connaissance
des autres monuments de la collection justinienne.

135. Cette renaissance du droit romain se fit même sentir
jusque dans le nord de la France ; seulement dans ces pays où
l'influence germanique et féodale avait jeté des racines plus
profondes, où la conquête romaine s'était maintenue moins longtemps la législation devint exclusivement coutumière, et le
droit romain n'y fut appliqué par le juge que comme raison
écrite, dans le silence de la coutume.

136. Pour étudier les donations entre époux dans l'ancien
droit, il nous faudra donc distinguer entre le droit écrit et le
droit coutumier.

CHAPITRE PREMIER.

SECTION I. — Donations dans les pays de droit écrit.

137. Ici c'est le droit romain que l'on applique. En principe
les donations entre époux sont prohibées mais si le donateur
meurt sans avoir révoqué sa donation, elle est par la même
confirmée.

138. Dans le cas de secondes noces du survivant des époux,
on suit les constitutions *fœminœ quœ, generaliter, hâc edictali,* avec les modifications que les novelles de Justinien leur
avaient fait subir.

139. Ce qui donna fréquemment l'occasion d'appliquer ces
constitutions, ce fut l'institution de l'augment dot, et dans certains pays, du contre-augment. L'augment de dot était le droit

pour la femme, dans le cas où elle survivrait à son mari de prendre sur les biens de ce dernier une certaine fraction basée sur le quantum de sa dot et sur la nature des biens qui la composaient ; cette part était dévolue à la femme en propriété si elle n'avait pas d'enfant sinon en usufruit, et même dans ce dernier cas, elle avait droit à une part virile en propriété, si elle ne se remariait pas. Cet augment de dot est né de la fusion entre la *donatio sponsalitia* usitée dans les pays d'Occident et le *dotalitium* des Visigoths ; il ne fut pendant longtemps qu'un gain de survie conventionnel ; c'est seulement dans les anciennes coutumes de Toulouse, qu'il nous apparaît pour la première fois à l'état de gain de survie légal ; il est probable que ce changement s'est opéré à la suite des voyages des Croisés en Orient où existait alors une institution qui présente la plus grande analogie avec l'argument de dot, c'est l'ὑποβολον (1) Indépendamment de l'augment de dot, quelques pays du Midi admettaient en faveur du mari un contre-augment, c'est-à-dire le droit pour le mari survivant de retenir tout ou partie de la dot de sa femme (2).

140. Dans le cas où la femme n'avait pas de dot, on appliquait l'authentique *Prætereà* (Liv. VI. Tit. XVIII code *unde vir et uxor*) commentaire inexact de la novelle 117 ch. 5. Cette novelle en effet ne s'appliquait qu'à la veuve pauvre, et Irnérius en la résumant l'étendit indifféremment au survivant pauvre des conjoints ; c'était revenir à l'esprit de la novelle 53, ch. 6.

SECTION II. — Donations dans les pays de droit coutumier.

141. Les pays de coutume se trouvaient soumis à la fois à l'influence de deux législations différentes, le droit romain qui prohibait les donations entre époux, et le Droit germanique qui les favorisait ; aussi on s'explique facilement le peu d'uni-

---

(1) Novelles 22 et 89 de l'empereur Léon. — Harménopule, Hexabiblos, Liv. IV, Tit. X.

(2) Merlin. V⁰ augment et contre-augment. Répert.

formité que nous trouvons dans les décisions du vieux droit coutumier ; ce n'est guère que vers le treizième siècle que nous voyons les idées romaines prendre le dessus, et les établissements de St-Louis défendre les donations entre vifs, en laissant subsister les donations testamentaires (voir plus bas n° 170), beaucoup de coutumes admirent cette législation nouvelle, d'autres allèrent même jusqu'à prohiber les libéralités testamentaires , et ce sont ces tendances prohibitives des coutumes qui eurent précisément pour effet de développer une institution qui en est en quelque sorte le palliatif, et qui porte le nom de don mutuel; nous le retrouverons un peu plus loin.

142. Nous avons parlé tout à l'heure de l'augment de dot; dans les pays de coutume il existait une espèce de gain de survie, que l'on rapproche souvent de l'augment de dot, c'est le douaire. Il consistait en un droit d'usufruit au profit de la veuve survivante sur une partie des biens du mari. D'abord *conventionel*, il devint légal par la suite; à qu'elle époque s'opéra cette transformation ? Il y a à cet égard discussion : Les uns pensent que ce fut l'œuvre d'une ordonnance de Philippe Auguste de 1214 ; suivant d'autres dont nous partageons la manière de voir, cette ordonnance n'était qu'une tentative qui fut d'ailleurs impuissante pour unifier la législation sur le douaire légal, et remplacer par un tarif unique les décisions diverses des coutumes à cet égard. Au surplus cette question est en dehors de notre sujet ; si nous parlons du douaire, c'est en raison de ses rapports avec l'augment de dot, aussi il nous suffira d'indiquer en quoi il en différait : d'abord, il était dû à la veuve même indotata. « Douaire coustumier ne laisse d'être dû, ores que la femme n'ait rien apporté » ; en second lieu, il consistait toujours en un droit d'usufruit, que la veuve eût ou non des enfans, qu'elle se remariât ou non. D'autre part l'augment présentait cette particularité que les biens dont il se composait passaient en nue-propriété aux enfants en vertu de la loi, lors même qu'ils renonçaient à la succession de leur

père ; rien de pareil pour les biens formant l'objet du douaire.

143. Après ces quelques notions préliminaires, passons à l'étude des dispositions des coutumes sur la matière des donations entre époux; nous allons trouver sur ce point la plus grande variété de décisions;

144. Pothier, qui désormais sera presque constamment notre guide, les divise en 4 classes :

145. 1re *Classe.* — Coutumes qui défendent toutes donations directes ou indirectes, entre vifs ou testamentaires, entre mari et femme, sauf le don mutuel : coutumes de Paris, d'Orléans.

146. 2e *Classe.* — Coutumes qui défendent les donations entre vifs, entre mari et femme, sauf le don mutuel, mais qui autorisent les donations testamentaires, à l'égard de certains biens et en certains cas : coutumes de Chartres, de Péronne, de Rheims, d'Amiens. Elles forment le droit commun, en ce sens, qu'il faut y ranger les coutumes qui prohibent les donations entre vifs, sans s'expliquer sur les donations testamentaires.

147 3e *Classe.* — Coutumes qui admettent les donations testamentaires et même les donations entre vifs, quand le conjoint est prédécédé sans les avoir révoquées : coutumes de Touraine, de Poitou.

148. 4e *Classe.* — Coutumes qui admettent les donations entre vifs pures et simples ou au moins dans certains cas et sous certaines conditions : coutumes de Montfort, de Noyons, etc.

149. En présence de cette diversité de coutumes, dont le résumé qui précède ne donne qu'un faible aperçu, Pothier se demande si les lois qui concernent les donations entre époux appartiennent aux statuts réels ou aux statuts personnels. Comme ce sont des dispositions relatives à la dévolution des biens, que d'ailleurs elles ont manifestement pour but d'en assurer la conservation dans les familles, Pothier décide avec raison qu'il s'agit ici de Statuts réels. L'intérêt de la question est évident dans un pays régi par autant de coutumes différentes ; il se

présente encore aujourd'hui chez nous si l'on suppose qu'il s'agisse de biens possédés en France par des étrangers, ou possédés à l'étranger par des Français. L'article 3 du Code Napoléon règle cette situation.

150. Toute clause d'un contrat de mariage qui aurait eu pour but de permettre aux conjoints de se faire des donations non autorisées par la coutume eût été absolument nulle, mais c'était une question de savoir si l'on pouvait stipuler par contrat de mariage que les époux ne pourraient se faire aucune donation (1).

151. Comme la coutume de Paris a une importance plus grande que toutes les autres, nous allons l'étudier d'une manière spéciale.

COUTUME DE PARIS. — ART. 282 de la rédaction 1580 :

152. « Homme et femme conjoints par mariage constant iceluy ne peuvent advantager l'un l'autre par donation faite entre vifs, par testament ou ordonnance de dernière volonté, ne autrement, directement, ne indirectement, en quelque manière que ce soit, sinon par don mutuel, tel que dessus. »

1° *Personnes comprises dans la prohibition de l'art.* 282.

153. Ce sont les personnes conjointes par mariage valable ou même annulable ; la prohibition était même étendue aux donations faites entre homme et femme vivant en concubinage ; on se fondait sur des raisons d'honnêteté publique, l'article 282 ne régissant nullement cette situation. L'article 132 de la belle ordonnance du chancelier Michel de Marillac (1629), prohiba expressément les donations entre concubins, et mit fin à cet égard aux divergences des coutumes.

2° *Avantages défendus entre mari et femme :*

154. I. *Avantages directs.* — L'art. 282 de la coutume défend aux époux toute donation entre vifs simple ou réciproque,

---

(1) Pothier. *Donat. entre mari et femme,* 23-28.

de meubles ou d'immeubles ; une restitution anticipée de la dot, un paiement avant l'échéance, la remise d'un droit d'hypothèque, un prêt gratuit entre mari et femme ne sont pas prohibés ; mais il en est autrement d'une donation faite par une femme à son mari pour la représentation à laquelle l'oblige sa position, à la différence de ce qui existait en droit romain. Lors même que les héritiers du conjoint donateur interviendraient à la donation, cela n'aurait pas pour effet de la valider, ainsi que le rapporte Pothier d'après Dumoulin (1). Sont également défendues toutes donations testamentaires entre conjoints, quand bien même le testament aurait précédé le mariage.

155. Toute disposition faite en violation de cet article 282 est nulle. Pour étudier le jeu de cette nullité, il faut distinguer avec Pothier six cas, que nous réduirons même à quatre groupes :

156. 1° : — C'est un immeuble qui a été donné et il y a eu tradition. — Le donateur est resté propriétaire, car la tradition a été faite *sine justa causa*, il a donc la revendication ; il a, de plus, une action personnelle, car le conjoint donataire, en recevant induement l'héritage qui lui est donné, se trouve par là même obligé de le rendre avec tous ses fruits. Cette action est surtout utile quand la revendication ne peut plus être exercée, soit parce que l'immeuble donné aurait péri par la faute du donataire, ou parce que celui-ci l'aurait aliéné à un tiers qui l'aurait usucapé.

157. 2° : — C'est un meuble qui a été donné et il y a eu tradition. — Ici encore deux actions : la revendication, si la chose existe, sinon une action personnelle contre le donataire ; la revendication peut être intentée contre tout détenteur de la chose donnée, si ce dernier n'en a acquis la propriété par la prescription de trois ans. S'il s'agit d'une somme d'argent, le

---

(1) Pothier, N° 44.

donateur n'a que l'action personnelle contre le donataire, que celui-ci se soit enrichi ou non.

158. 3° — C'est une chose incorporelle qui a été donnée, et il y a eu quasi-tradition. — Le titulaire du droit cédé en est resté propriétaire ; cependant, il faut remarquer que, dans le cas de cession de créance, si le cédé, en vertu de la cession qui lui a été signifiée, a payé au cessionnaire, il est valablement libéré, et c'est contre le cessionnaire que le cédant agira par une *condictio ob injustam causam*.

159. 4° — Si la donation consiste dans la remise de quelque créance ou de quelque autre droit ; s'il s'agit d'une promesse non suivie de tradition ; s'il s'agit d'une donation testamentaire ; dans ces trois hypothèses, il n'y a rien de fait, tout reste dans le statu quo ; seulement, pour les deux dernières, l'exécution volontaire, de la part des héritiers du donateur, équivaut à confirmation (1).

160. II. *Avantages indirects.* — Ils peuvent se classer sous trois chefs :

161. A. — *Avantages résultant de contrats intervenus entre époux pendant le mariage.* — A la différence du droit romain, les coutumes défendaient les contrats entre époux. Plusieurs avaient, à cet égard, des dispositions expresses : Coutume de Normandie, ch. 15, art. 410. Cout. de Nivernais, ch. 23, art. 27. Cout. de Bourbonnais, ch. 10, art. 226. — Dumoulin, en commentant l'art. 156 de l'ancienne coutume de Paris, nous dit : « *Nullum contractum reciprocum facere possunt, nisi ex necessitate.* » Quant aux coutumes muettes sur ce point, on décidait que, néanmoins, la prohibition des contrats entre époux était la règle à leur égard.

162. B. — *Avantages résultant de divers faits qui constituent des libéralités.* — Cela se présentait lorsque, pendant

---

(1) Notre article 1340, C. N., présente une disposition analogue, mais il a une sphère d'application beaucoup plus étendue.

le mariage, le mari, voulant avantager sa femme, avait enflé les apports de cette dernière, ou diminué les siens par des états signés de sa main ; de même, dans le cas d'indication dans le contrat de vente d'un propre des époux, d'un prix inférieur au prix réel, ce qui diminuait d'autant les reprises de l'époux aliénateur. Les libéralités résultant de ce que l'un des époux a laissé sciemment courir la prescription au profit de son conjoint, relativement à un de ses héritages, ne peuvent ici se rencontrer comme dans le droit romain, car le droit coutumier avait admis que la prescription ne court pas entre époux. Étaient encore des libéralités prohibées les renonciations à une succession ou à un legs pour en faire profiter le conjoint ; ici cependant, Pothier, n⁰ˢ 88-91, admet quelques tempéraments dans le cas où ces renonciations ont pour objet de laisser la dévolution de la succession suivre son cours régulier ; dans le cas aussi où le mari, héritier d'un tiers, délivre à sa femme un legs qui dépasse la quotité disponible, mû par l'idée de se conformer au vœu du testateur. Nous croyons que ces restrictions, dont le caractère juridique est fort contestable, proviennent de ce que Pothier se laisse trop entraîner aux décisions du for intérieur et confond quelque peu les préceptes du droit positif avec ceux de la morale.

163. C. — *Avantages effectués par personne interposée.* — Ces avantages sont évidemment défendus aussi bien que les avantages directs ; seulement, il faudra prouver l'interposition de personnes. Certaines coutumes avaient établi, à cet égard, des présomptions légales ; telles étaient les coutumes de Bourbonnais, art. 226, d'Auvergne, ch. 14, art. 28, qui déclaraient que les libéralités faites à ceux dont le conjoint était l'héritier présomptif étaient nulles, comme faites à personnes interposées. On se demandait si, dans les coutumes muettes sur ce point, il fallait néanmoins considérer les père et mère comme personnes légalement interposées ; on décidait généralement l'affirmative. La même question se posait aussi à l'égard des enfants que le

conjoint donataire avait eus d'un précédent mariage, et l'on donnait la même solution ; cependant, il y avait plus de difficultés pour ces derniers, à cause de l'article 283 de la coutume de Paris (1), qui, statuant précisément sur cette hypothèse, n'appliquait la prohibition qu'aux cas où les époux auraient eu des enfants communs, ou que l'un d'eux, le donateur, aurait également des enfants d'un précédent mariage, et non à celui d'un conjoint donateur sans enfant, mais Pothier (n° 114) n'hésite pas à voir dans cet article une restriction au droit commun.

CHAPITRE DEUXIÈME.

DON MUTUEL.

Historique. —164. Nous avons renvoyé l'étude des origines du don mutuel au moment où nous nous occuperions spécialement de cette institution de notre ancien droit. Provient-elle du vieux droit gaulois, ou de la législation romaine, ou du droit germanique ? Telle est la question qui divise les auteurs.

165. Anciennement, il était généralement admis que le don mutuel avait une origine germanique, quand M. Laferrière est venu donner à une théorie différente l'autorité qui s'attache à sa vaste érudition (2). Pour lui, le don mutuel est né de l'ancien régime matrimonial des Gaulois, il s'appuie sur le passage des Commentaires de César que nous avons cité plus haut (n° 120). Ce serait là qu'il faudrait chercher le principe du don mutuel de biens présents, quant à l'accumulation des fruits (*fructus que*

---

(1) (Art. 283). « Ne peuvent les dits conjoints donner aux enfants l'un de l'autre d'un précédent mariage au cas qu'ils ou l'un deux aient enfants. »

(2) M. Laferrière, Histoire du Droit, T. II, p. 83-84 et p. 463, et suiv.

servantur), elle aurait disparu peu à peu sous l'influence de la législation romaine, peu favorable à cette espèce de convention (1) ; Marcellus la considérait même comme nulle. Le don mutuel aurait pris surtout une grande extension depuis l'introduction dans la législation romaine, et par suite dans les Gaules, de la donation *antè* ou *propter nuptias*, égale (2) à la dot apportée par la femme ; mais il nous semble que cette manière de voir est inexacte, car le don mutuel est une institution des pays de coutume, à laquelle correspondaient la constitution de dot et la *donatio antè nuptias* dans les pays de droit écrit ; or, si c'était sous l'influence des idées romaines que se fût développé le régime matrimonial gaulois pour devenir ensuite le don mutuel, c'est surtout dans le midi que nous devrions trouver ce don mutuel fortement organisé, puisque c'est là que le droit romain a été le plus longtemps en vigueur ; mais précisément il est facile de constater que c'est tout le contraire qui a eu lieu.

167. Jusqu'à présent il n'a été question que du don mutuel de biens présents, quant au don mutuel de biens à venir il se rattacherait, suivant M. Laferrière à une novelle de Valentinien III, de l'an 446, qui est relatée au code Théodosien, mais n'a pas passé dans le code Justinien. Cette novelle autorise les testaments mutuels entre époux faits par un seul et même acte. Il est vrai qu'elle a dû avoir une influence notable sur le développement du don mutuel de biens à venir, mais ce dernier a une autre origine, et ce qui le prouve c'est que le don mutuel et le testament mutuel ont toujours co-existé

---

(1) Loi 4, liv. XXIII, T. 4, Dig.

(2) La const. 2, livre 3, Tit. 8, Cod. Théod., reproduite au Code de Justinien dans la const. 18, l. V. t. III, est étrangère à la question. Constantin y parle non de la donation *antè nuptias* du bas-empire, qui est une sorte de contre-dot de la part du mari, mais de donations faites entre fiancés avant le mariage et définitivement acquises au conjoint donataire, pourvu que le mariage s'en suive ; aussi c'est à tort, selon nous, que M. Laferrière y voit (tome II, page 468 *in fine*) un gain mutuel de survie.

comme institutions complètement différentes, et déjà dans les formules de Marculfe la distinction est parfaitement établie (1). C'est seulement l'ordonnance d'août 1735, qui dans son article 77 a abrogé l'usage du testament mutuel en France, tout en laissant subsister le don mutuel.

168. Pour nous, il nous semble beaucoup plus prudent de rattacher le don mutuel au droit Germanique. D'abord, il paraît difficile d'admettre que le droit des Gaulois ait pu laisser des traces dans notre ancienne législation, quand on songe que pendant près de cinq siècles la Gaule fut soumise à la domination oppressive des Romains.

169. Quoiqu'il en soit, il est certain que très-anciennement nous trouvons chez les peuples Germains l'usage de l'institution contractuelle destinée à suppléer au testament qui n'était pas usité chez eux. Elle nous apparaît dans la loi salique, tit. 48, sous le nom d'affatomie ; dans ce titre d'ailleurs, il n'est question que des formalités employées pour la transmission de la succession du constituant. C'est une tradition symbolique, mais il en résulte que cette loi voyait dans l'affatomie une véritable aliénation entre vifs, bien que le déssaisissement du donateur ne dût avoir lieu qu'à son décès. — Il est probable, quoique la loi salique n'en dise rien, que c'est à ce moyen que recouraient les époux pour se faire des avantages à cause de mort; du reste, si la loi salique est muette sur ce point, la loi des Ripuaires au contraire, dans son chapitre 48, est très-explicite, et prévoit le cas qui nous occupe ; en voici les termes : « *quod si adfatimus fuerit inter virum et mulierem, post discessum amborum ad legitimos hæredes revertatur, nisi tantum qui parem suum supervixerit in eleemosyna vel in suâ necessitate expenderit.* » Ce qu'il y a d'important dans ce texte,

---

(1) Formules ; liv. II, ch. XVII, où il est traité du testament mutuel; liv. I, ch. XII et liv. II, ch. VII, où il est traité des donations mutuelles entre époux.

c'est qu'il décide que les biens donnés doivent retourner aux héritiers du donateur lors du décès de l'époux survivant ; le titre précédent exige même pour la validité de l'affatomie que le disposant ne laisse pas d'enfant. Les formules de Marculfe, de quelques années postérieures à la rédaction de la *lex emendata ripuariorum*, sont conçues dans le même esprit, mais de plus supposent constamment le caractère de réciprocité (1) dans les dispositions entre époux, soit par voie de testament, soit par voie de donation. On ne saurait se dissimuler que ces formules ont beaucoup emprunté aux dispositions de la novelle de Valentinien ; il est même probable que c'est à l'influence de cette novelle que nous devons le développement tout particulier que prennent à cette époque les dispositions mutuelles entre époux. On comprend, en effet, que quand les Francs eurent pris possession de la Gaule, ils la trouvèrent régie par une législation savante, qui dût nécessairement réagir sur leurs mœurs et leurs institutions ; d'un autre côté, le principe de la personnalité des lois, laissant au peuple conquis ses habitudes propres, le Droit romain et le Droit germanique furent appliqués simultanément, et durent peu à peu se modifier l'un par l'autre, sans pour cela se confondre. Le Droit romain n'admettait pas la validité de l'institution contractuelle (2), le Droit germanique ne connaissait pas le testament, mais comme cette dernière institution est d'une utilité évidente, qui n'échappa certainement pas à la nation conquérante, celle-ci, sans modifier sa législation arriva au même résultat, en favorisant les libéralités contractuelles portant sur les biens à venir ; puis, peu à peu, l'usage du testament s'introduisit dans les mœurs, tandis que d'autre part on réduisait les institutions contrac-

---

(1) Ce qui ne résulte pas d'une manière bien explicite du titre 49 de la loi Ripuaire ; le titre 48 traite même de libéralités entre époux non réciproques, car il dit : « *sive vir mulieri, sive mulier viro.* »

(2) Loi Ult. Cod. *de pactis.*

tuelles aux seules conventions de mariage , si ce n'est entre conjoints pendant le mariage ; en un mot, avant que la fusion entre les idées germaniques et les traditions romaines pût s'opérer dans les contrées qui allaient devenir bientôt les pays de coutumes, on se trouva quelque temps dans un conflit de principes contradictoires qui jettent beaucoup d'obscurité sur la législation de cette époque de transition.

170. Il faut arriver aux assises de Jérusalem et aux établissements de Saint-Louis pour rencontrer des décisions précises sur la matière des donations entre époux, mais on constate facilement à leurs tendances restrictives qu'elles sont empreintes de l'influence du droit romain ; c'est ainsi que les assises de Jérusalem ne permettent au mari de disposer en faveur de sa femme que par testament, la femme au contraire peut donner entre vifs à son mari (1). Les établissements de St-Louis (2) n'autorisent plus les avantages entre époux que par testament, encore faut-il que les époux ne laissent pas d'enfants mâles ; même décision dans les coutumes de Beauvoisis, où il n'est question en effet que de libéralités entre époux par testament (3). Bouteillier, quelques années plus tard, s'exprime ainsi (4) : « Tu peux et dois aussi sçavoir que combien qu'expressément soit desfendu que le mary durant le mariage ne puisse rien donner à sa femme, ni la femme au mary » et plus loin (5) : « si sçachez que la donation que ferait le mary à sa femme durant le mariage ne vaut selon que les sages usent ; et la raison si est que si le mary donnait à sa femme, il semblerait que ce fust par ardante luxure ; et si la femme donnait à son mary, il semblerait que ce serait plus par crainte que pour

---

(1) Cour des Bourgeois, ch. CLIII.
(2) I, ch. 114.
(3) Coutumes de Beauvoisis, ch. XII.
(4) Somme rurale, tit. 45.
(5) Somme rurale, tit. 99.

autre raison, et pour ce tels dons ne sont à recevoir, n'a sous-
tenir, car ils n'ont point de couleur raisonnable, ne tollé-
rable. »

171. Nous voilà bien loin des donations de biens à venir des
formules de Marculfe ; mais il est à remarquer qu'en même
temps que ce changement de législation s'affirmait d'une manière aussi positive, apparaissait une institution destinée à tem-
pérer cette rigueur des coutumes, et que les jurisconsultes
appelaient revestissement, entravestissement, et même déjà
don mutuel : « homs et femes conjoints par mariage, nous
dit Desmares, ne peuvent rien doner l'un à l'autre en leur testament par voie directe, combien qu'ils puessent faire entre
vifs don mutuel de leurs meubles et conquêts et non autrement (1). » A la suite du passage cité plus haut (n° 170), Bou-
tellier ajoutait : « Mais par autre raison se peuvent faire dons et
amendements entre les dessus dicts mary et femme que lay e-
ment on appelle revestissements ; et aussi est ainsi appelé
pour ce qu'autant en amende l'un que l'autre. »

172. On voit en résumé que le don mutuel se rattache originairement au droit germanique ; mais que c'est aussi à la novelle de Valentinien qu'il faut attribuer le développement considérable de ces libéralités réciproques entre époux, qui furent
restreintes à leur tour par la législation coutumière du XII° et
du XIII° siècles ; c'est à cette époque seulement que le don
mutuel appparaît avec les caractères qui lui sont propres et que
nous allons examiner rapidement.

____

(1) Décision 233. On voit que Desmares reproduit les idées du Châtelet
de Paris, qui n'admettait même pas les libéralités testamentaires entre
époux ; la coutume de Paris, plus tard, consacre cette jurisprudence.

SECTION I. — Aperçu général sur la législation du don mutuel dans les diverses coutumes.

173. Les coutumes offrent une grande variété à l'occasion du don mutuel, mais on peut avec Merlin (1) les classer en quatre catégories :

174. 1° : Au point de vue des conditions de validité du don mutuel. — Les unes, (Paris, Orléans) exigeaient que les conjoints n'eussent pas d'enfant lors de la mort du prédécédé ; d'autres n'exigeaient pas cette condition (Rheims, Péronne) ; d'autres permettaient à chaque époux de révoquer sans le consentement de l'autre, en lui notifiant de son vivant cette révocation (Nantes, Poitou). Ces coutumes ne reçurent même aucune atteinte de l'ordonnance de 1741, qui exclut formellement de ses dispositions, dans son article 46, le don mutuel entre époux. Pothier cependant, n° 119, n'est pas de cet avis. Quelques coutumes enfin ne reconnaissaient pas la validité du don mutuel, comme nous l'avons vu plus haut.

175. 2° : Au point de vue des biens que pouvait comprendre le don mutuel. — Les coutumes de Paris et d'Orléans ne permettaient de disposer par don mutuel que des biens de communauté ; d'autres, non-seulement des biens de communauté, mais même des acquêts (2), c'est-à-dire de tous les biens autres que les propres de succession ; quelques-unes enfin permettaient d'y faire entrer une partie des propres. Une autre variété entre ces coutumes consiste en ce

____

(1) Répert. de jurisp., v° don mutuel, § 1.

(2) Ce mot acquêt a aussi un sens restreint quand on l'oppose au mot conquêt ; il signifie alors l'ensemble des biens d'un époux quand on en a distrait les propres de succession et les biens communs. On sait que les propres de succession se composent de tous les héritages advenus par succession légitime, soit en ligne directe, soit en ligne collatérale, et des dons et legs faits par un ascendant à son descendant (Pothier, Commut^é, n°s 106 et suiv.).

que quelques-unes ne permettaient le don mutuel qu'en usufruit (Paris, Orléans), soit pour toutes espèces de biens, soit pour certaines natures de biens seulement.

176. 3° : Au point de vue de l'égalité requise pour le don mutuel. — La plupart des coutumes subordonnaient la validité du don mutuel à une parfaite égalité dans le *quantum* des choses données par chacun des conjoints; quelques-unes (Anjou et Tours) exigeaient seulement que les biens fussent de même espèce; d'autres, qu'il n'y eut pas entre les époux une différence d'âge de plus de dix années (Nivernais) suivant les unes, quinze années suivant les autres (Auxerre).

177. 4° *Au point de vue de la saisine du donataire.* — Tantôt le donataire était saisi de plein droit (Bourbonnais, tantôt il lui fallait demander la délivrance; elle n'avait lieu le plus souvent qu'autant que le donataire avait préalablement fourni une caution (Paris); quelquefois on se contentait d'une simple caution juratoire (Cout. du Grand Perche); souvent la caution n'était nécessaire qu'au cas de convol de l'époux survivant (Blois).

178. Nous allons étudier le don mutuel dans la coutume de Paris :

SECTION II. — Coutume de Paris : art. 280.

179. « Homme et femme conjoints par mariage estans en » santé, peuvent et leur loist, faire donation mutuelle l'un à » l'autre egalement de tous leurs biens meubles et conquests » immeubles, faits durant et constant leur mariage, et qui sont » trouvez à eux appartenir et estre commun entre eux à l'heure » du trespas du premier mourant des dits conjoints, pour en » jouir par le survivant d'iceux conjoints sa vie durant seule- » ment, en baillant par luy caution suffisante de restituer les » dits biens après son trespas, pourveu qu'il n'y ait enfans soit

» des deux conjoints ou de l'un d'eux lors du décés du pre-
» mier mourant (1). »

1° Nature et caractère du don mutuel.

180. Le don mutuel est une donation et non un contrat aléatoire, c'est la doctrine de Pothier (n° 130) et de la plupart des
auteurs. Ricard, n°ˢ 2 et suivants, avait voulu y voir un contrat
aléatoire, mais il est évident qu'il faut s'attacher ici à l'intention des parties qui est de se faire une libéralité réciproque ;
c'est ainsi que le don mutuel est considéré par l'ordonnance
de 1731 et par l'article 284 de la coutume de Paris. C'est de
plus une donation entre vifs, bien qu'elle ne doive recevoir son
exécution qu'à la mort du donateur, elle est en effet irrévocable ; car, comme le dit Dumoulin, « *in donatione sunt duo,
dispositio et executio, dispositio statim ligat et ab ea fit de-
nominatio, licet executio habeat tractum ad mortem.* »
Mais, si ces principes sont certains dans la coutume de Paris, il
est fort douteux que dans les coutumes muettes on dût considérer le don mutuel comme une libéralité entre vifs ; on peut
consulter à cet égard un arrêt fort remarquable de la cour de
Cassation du 14 prairial an XIII rappelé dans Merlin, V° don
mutuel § 3, qui déclare le don mutuel une libéralité à cause de
mort et par suite non sujette à l'insinuation. La même qualifi-
cation lui est encore donnée dans l'article 77 de l'ordonnance
de 1735 sur les testaments.

181, *Irrévocabilité du don mutuel.* — Il est de l'essence du
don mutuel d'être irrévocable, si ce n'est du consentement
mutuel des deux parties. Mais comme c'est une donation de la
communauté telle qu'elle se composera au jour du décés du
prémourant des conjoints, jusqu'à ce moment les biens de cette
communauté restent parfaitement aliénables au gré des époux,

----

(1) L'art. 155 de l'ancienne coutume de Paris contenait déjà une disposition analogue.

si ce n'est par disposition à cause de mort, car ce serait là révoquer partiellement le don mutuel, quant aux objets compris dans la disposition; toute clause contraire rendait le don radicalement nul.

182. *Égalité par rapport aux choses données.*—Il faut qu'il y ait parfaite égalité entre les choses données par chaque conjoint, quelques coutumes, comme nous l'avons vu, exigent même une certaine égalité d'âge chez les époux. Les seuls biens qui puissent faire l'objet du don mutuel sont : « les meubles et conquêts immeubles faits durant et constant le mariage, » dit l'article 280 précité; en un mot, ce sont tous les biens de communauté.

2° *Conditions de validité du don mutuel.*

183. *Conditions de fonds.* — Il faut : 1° que le donateur et le donataire soient conjoints par mariage ». Si le mariage était annulé, le don mutuel était nul par là même (Ricard, chap. 5, sect. III, n° 161) comme manquant de cause, puisque le mariage était réputé n'avoir jamais existé.

184. 2° Qu'ils soient « communs en biens. » En cas de forfait de communauté, Pothier (1) et Ricard (2) décident que le don mutuel était nul, par suite de l'inégalité entre cette somme fixe et la valeur réelle du patrimoine commun, et subsidiairement parce que cette somme n'a jamais fait partie des biens communs.

185. 3° Qu'ils soient « en santé » au moment de la donation. Suivant Pothier qui rapporte à cet égard l'opinion de Duplessis, il suffit, pour entraîner la nullité du don mutuel, que l'un des époux soit au moment de la libéralité atteint d'une maladie qui fasse craindre pour sa vie, quand même il reviendrait ensuite à la santé. Ricard (chap. 5, sect. III, n° 127) au contraire

---

(1) N°s 148 et 149.
(2) N° 164 du don mutuel.

soutenait qu'il s'agissait de la maladie dont le conjoint était décédé. Cette difficulté, du reste, avait été tranchée par les textes de certaines coutumes.

186. 4° Qu'ils n'aient pas d'enfant au jour du p.édécès de l'un d'eux. La présence d'enfants que le donataire survivant aurait eus d'un précédent mariage ferait même évanouir le don mutuel, car cette circonstance aurait rendu son don caduc s'il fût prédécédé ; or, l'égalité exigée pour la validité du don mutuel serait méconnue si, en pareil cas, il sortait à effet. — La présence d'un enfant, même posthume, entraînait la caducité. — L'enfant mort civilement, l'enfant naturel, l'enfant justement exhérédé, n'étaient pas comptés, mais seulement l'enfant habile à succéder.

187. 5° Que le don mutuel ne comprenne rien autre chose que l'usufruit de tout ou partie des biens communs au jour du décès du conjoint prémourant ; sinon, il y aurait nullité. Cela tient au caractère synallagmatique du don mutuel, chacun des époux ne disposant qu'en vue de la donation qui lui est faite par son conjoint, il faut que cette donation soit complètement valable pour que le contrat puisse tenir.

188. *Conditions de forme.* — Le don mutuel doit être fait devant notaire par un seul et même acte, dont il doit rester minute ; la forme sous seing-privée eut trop facilité les antidates, elle eut aussi présenté des dangers pour l'irrévocabilité de la libéralité. L'opinion de Ricard (1), qui admettait la validité du don mutuel par actes séparés et même en temps différents, n'avait pas prévalu.

189. Le don mutuel est soumis à l'insinuation, laquelle doit avoir lieu dans les quatre mois du contrat (art. 284 de la Coutume de Paris). Pothier ne voit (n° 171) à l'insinuation d'autre utilité que celle de faire parvenir cette donation à la connais-

---

(1) Don mutuel, ch. 5, sect. 3 n°ˢ 135 et 136.

sance des héritiers du donateur. Ricard en donnait une autre raison ; mais il nous paraît difficile d'admettre avec cet auteur que le mari puisse faire passer le contrat de don mutuel par un notaire inconnu à sa femme, puisque celle-ci doit assister à l'acte et le signer. D'ailleurs les tiers sont étrangers à la question, car les époux peuvent valablement, pendant le mariage, disposer à leur gré des biens communs ; il ne reste donc que le motif donné par Pothier et en même temps un intérêt fiscal.

190. Bien que la coutume de Paris, dans son article 284, dise : « après laquelle insinuation le don mutuel n'est révocable, sinon du consentement des deux parties », il n'en faut pas conclure *a contrario* avec Duplessis que jusqu'à cette insinuation, la femme puisse révoquer seule le don mutuel, il semble plus naturel d'admettre avec Ricard que la femme donatrice ne peut se prévaloir du défaut d'insinuation de sa donation. D'ailleurs, l'art. 37 de l'ordonnance de 1731 confirme cette opinion par la généralité de ses termes.

3° *De l'ouverture, des charges et de l'extinction du don mutuel.*

191. Le don mutuel s'ouvre par la mort naturelle du conjoint qui prédécède, de même par sa mort civile.

192. L'article 284 de la Coutume de Paris nous dit que : « don mutuel de soi ne saisit, ains est sujet à délivrance. » Le survivant des époux est donc obligé de demander la délivrance aux héritiers du prédécédé, il doit de plus, comme tout usufruitier, fournir une caution suffisante (art. 285 Cout. de Paris). C'est aussi de ce jour que le donataire gagne les fruits. Les conjoints ne peuvent, même par une clause expresse, se décharger de cette caution, car le don mutuel étant une exception, la coutume doit être appliquée à la lettre à peine de nullité.

193. Le droit d'usufruit du donataire mutuel par rapport aux immeubles de communauté est un droit d'usufruit ordinaire, mais par rapport aux meubles il présente une particularité :

c'est qu'il est considéré comme une vente des meubles donnés, ce n'est même pas un quasi-usufruit obligeant à rendre même quantité de choses pareilles : le donataire devient propriétaire à charge par ses héritiers de payer à sa mort aux héritiers du donateur le prix fixé en la prisée de l'inventaire, si mieux n'aime le donataire faire vente publique des meubles qu'il recueille, et déterminer ainsi par le prix de vente la somme qui doit être restituée à la fin de l'usufruit.

194. Les articles 286 et 287 de la Coutume de Paris indiquent quelles sont les charges du don mutuel.

195. Le donataire était obligé d'avancer le montant des obsèques et funérailles du prédécédé et de payer les dettes communes, sauf remboursement de ses avances au jour de la cessation de l'usufruit, car, donataire en usufruit, il ne peut être tenu que de l'intérêt des dettes qui sont la charge de l'universalité de biens qu'il recueille. S'il eut été dans l'impossibilité de faire l'avance de ces frais, il est probable qu'on aurait pu recourir aux deux moyens indiqués aujourd'hui par l'article 612 du Code Napoléon, qui apparemment ne reproduit qu'un usage déjà suivi dans l'ancien Droit.

196. La Coutume ajoute que « le donataire n'est tenu de payer les legs et autres dispositions testamentaires » ; nous avons vu précédemment que c'est précisément en ce sens que le don mutuel est irrévocable. Quelques coutumes cependant imposaient au donataire l'avance des legs modiques ; tous les autres étaient acquittés par l'héritier du conjoint donateur, mais seulement à la cessation de l'usufruit du donataire, à moins, dit Pothier, n° 230, que l'intention contraire de la part du testateur ne résultât des circonstances (1).

197. Quant aux charges du don mutuel, ce sont celles dont tous les usufruitiers à titre universel sont tenus, ainsi que cela

---

(1) Dans le même sens, Merlin, Répert. V° don mutuel, § 6, n° 1.

résulte de l'article 286 de la Coutume de Paris. En ce qui concerne les grosses réparations, Pothier, n° 239, incline à décider que le donataire pourrait contraindre les héritiers du conjoint prédécédé à les effectuer, et cela (n° 240) sans être obligé d'y contribuer même pour l'intérêt des déboursés. A la différence de la douairière, le donataire mutuel prend les choses dans l'état où elles se trouvent, quand même elles ne seraient pas en bon état de réparations.

198. L'usufruit du donataire mutuel s'éteint par les modes ordinaires d'extinction de l'usufruit ; il n'est pas perdu d'après la Coutume de Paris et la majorité des autres coutumes, par le convol du donataire, à moins de clause contraire ; aussitôt qu'il est éteint, les biens sur lesquels il portait redeviennent de plein droit la propriété des héritiers du donateur.

SECTION III. — Don mutuel autorisé par la Coutume de Paris, dans le contrat de mariage des enfants.

199. Voici le texte de l'art. 281 de la Coutume de Paris : « Père et mère mariant leurs enfants peuvent convenir que » leurs dits enfants laisseront jouir le survivant des dits père et » mère, des meubles et conquêts du prédécédé, la vie durant » du survivant, pourvu qu'ils ne se remarient, et n'est réputé » tel accord avantage entre les dits conjoints. »

200. Le don mutuel ordinaire étant soumis pour son efficacité à la condition que les époux n'auraient pas d'enfants à la mort du prédécédé, était naturellement une libéralité très-éventuelle ; c'est à cet inconvénient que l'article 281 de la Coutume de Paris a voulu remédier. D'ailleurs ce nouveau genre de don mutuel n'était valable qu'à la condition de constituer une dot à l'enfant dans le contrat de mariage duquel il était stipulé, c'était un puissant moyen d'encourager les parents à doter leurs enfants.

201. Il devait être réciproque et égal à peine de nullité ; si

l'un des époux avait fait un pareil don à son conjoint sans réciprocité, il produisait néanmoins l'effet suivant : c'est que si l'enfant refusait, lors du prédécès du conjoint donateur, de laisser jouir le survivant des meubles et conquêts de la communauté, la condition sous laquelle cet enfant avait été doté étant défaillie, celui-ci devait restituer au conjoint survivant la moitié de la dot qu'il avait reçue.

202. Ce don mutuel, à la différence de celui que nous avons étudié dans la précédente section, n'était valable qu'autant :

203. 1° Qu'il était fait dans le contrat de mariage d'un enfant des époux donateurs et que dans ce contrat cet enfant était doté par ses parents ; c'est le sens que l'on donnait à ces mots de la coutume : « père et mère en mariant leurs enfants. »

204. On se demandait si par enfants il fallait aussi entendre les petits-enfants. Lorsque le petit-enfant dont il s'agit était né du mariage d'un enfant prédécédé, la solution affirmative était généralement admise, contrairement à l'opinion de Lemaitre et de Laurière. Mais dans le cas où le petits-fils était issu d'un enfant encore existant, la question était plus délicate, cependant Pothier (n° 275), donne également la même décision, pourvu toutefois que l'enfant survivant, auteur de ce petit-enfant, intervînt au contrat et y consentît. C'était l'application du principe : *donatum filio videtur donatum patri* (1), implicitement consacré par l'art. 306 de la Coutume de Paris.

205. Il ne s'agit évidemment ici que des enfants communs des deux conjoints.

206. 2° Que le survivant des père et mère ne se remariait pas ; l'art. 281 est formel à cet égard. Dans le cas de convol à de secondes noces, le survivant devait-il restituer les fruits qu'il avait perçus depuis le décès de son conjoint ? Pothier, *benignâ interpretatione*, admet la négative, et il ne voit là qu'une réso-

---

(1) Le Code Napoléon a rejeté ce principe, ainsi que le prouve l'art. 847, qui est le contre-pied de l'art. 306 de la Cout. de Paris.

lution *ex nunc* du droit du survivant. Les principes rigoureux commanderaient peut-être une décision contraire. D'ailleurs si l'enfant doté s'en prévalait, il devait nécessairement restituer au conjoint survivant la part pour laquelle il avait contribué à la constitution de dot, ainsi qu'il a été dit plus haut. Cette décision qui fait ainsi pâtir l'enfant de la faute commise par son auteur, est moins rigoureuse qu'elle le paraît au premier abord, car il était libre de ne pas invoquer en pareil cas, la nullité du don mutuel, et de l'exécuter purement et simplement.

207. Les autres règles du don mutuel ordinaire étaient applicables à celui qui nous occupe ; ainsi les biens sur lesquels il pouvait porter étaient les mêmes, il entraînait avec lui les mêmes charges, bien que la coutume ne se fût pas expliquée sur ce point.

208. On s'est demandé ce qui arriverait si l'enfant, dans le contrat de mariage duquel le don mutuel avait été fait, laissait des frères et sœurs non dotés, qui au jour du décès du conjoint prédécédé demandassent le partage de la communauté. Duplessis et Lemaitre enseignaient que la coutume s'exprimant *Conglobatim* par ces mots : « en mariant leurs enfants » ne régissait pas ce cas, et que par suite le don mutuel était caduc. Mais Pothier n'adopte qu'à regret cette opinion qui avait prévalu dans la pratique, il incline vers la solution donnée par Laurière et Ferrière qui voulaient que l'enfant doté pût exécuter la donation au prorata de sa part héréditaire.

209. Dans les coutumes qui ne permettaient pas le don mutuel dont nous nous occupons, on stipulait quelquefois dans le contrat de mariage de l'enfant que l'on dotait : « qu'au moyen de la dot qu'il recevait il ne pourrait provoquer le survivant à aucun inventaire ni partage. » La sanction de cette clause était que si l'enfant manquait à la condition apposée à la constitution de dot, il était obligé d'imputer en entier la dot qu'il avait reçue sur la succession du prédécédé, comme si elle eût émané uniquement de ce dernier.

210. *Appendice.* — A la suite de son traité des donations entre mari et femme, Pothier commente une disposition fort remarquable de la coutume de Dunois, locale de celle de Blois, relativement au don mutuel.

211. Cette coutume dans son article 68 dont nous ne donnons pas le texte, pour abréger, considère le don mutuel comme une donation à cause de mort, bien que qualifiée entre vifs (Pothier, appendice n° 8) ; celle-ci ne lui donne effet qu'autant qu'il a été confirmé par un testament mutuel (1) des époux « sains d'entendement. » Il y a là une grande analogie, comme le fait remarquer Pothier avec ce qui existait en droit romain avant l'innovation des empereurs Sévère et Caracalla (loi 32 de donat. int. vir. et uxor.-Dig.). Cette coutume défendait au contraire aux époux de disposer en faveur l'un de l'autre, même par voie de testament simple ; cela tient à ce que l'on voyait dans le don mutuel pour chaque conjoint, une égalité d'espérances, qui faisait disparaître toute crainte de captation. Ce testament mutuel était révocable au gré de chaque conjoint isolément, mais la révocation n'avait d'effet qu'autant qu'elle avait été notifiée à l'autre époux, c'était un moyen d'éviter les fraudes (1).

212. Cette coutume permettait de comprendre dans le don mutuel, non-seulement la pleine propriété des biens de communauté, mais même l'usufruit des propres des époux, pourvu que ces propres fussent à peu près d'égale valeur. Cela fait dire à Pothier que ce don mutuel n'était pas restreint au seul cas où les époux étaient mariés en communauté, car il n'y a pas que sous ce régime qu'il y ait des propres.

213. Par propres, l'article 68 entendait aussi bien les propres

---

(1) Ce testament mutuel fut encore valable même depuis l'ordonnance du mois d'août 1735, qui prohiba en France l'usage du testament mutuel, car cette ordonnance, dans son article 77, réservait expressément le cas de donations mutuelles à cause de mort (Pothier, Append. n° 2.

(1) Ricard, don mutuel, ch. 5, sect. 7, n° 242.

de communauté que les propres de succession, les propres fictifs ou conventionnels que les propres réels.

214. Les charges de ce don mutuel consistaient, pour le donataire à payer les funérailles de son conjoint prédécédé, les dettes de communauté, les legs modiques, et à faire l'avance seulement des dettes propres du donateur. L'époux survivant était de plus tenu « de nourrir, entretenir, pourvoir et assigner les enfants selon leur état, durant leur minorité, ou qu'ils soient mariés ou autrement pourvus. » Le donataire mutuel était saisi de plein droit, mais devait fournir caution, s'il n'en avait été dispensé (1).

CHAPITRE TROISIÈME.

ÉDIT DES SECONDES NOCES.

215. Nous avons vu sous la législation des empereurs Chrétiens, toute la défaveur qui s'attachait aux seconds mariages, et les différentes constitutions impériales qui eurent pour objet d'en diminuer le nombre ; ces sages dispositions, comme nous le savons, pénétrèrent dans nos pays de droit écrit avec le bréviaire d'Alaric, et surtout avec les novelles de Justinien contenues pour la plupart dans l'*epitome Juliani antecessoris ;* elles y furent constamment appliquées et formèrent la base de la jurisprudence des parlements du Midi.

----

(1) Merlin, Répert. au mot don mutuel, § 2, signale comme présentant des particularités remarquables, le don mutuel autorisé par l'art. 163 de la coutume de Bar-le-Duc, et il examine les difficultés que cet article soulève ; mais le cadre, nécessairement très-limité de cette thèse, ne nous permet pas d'entrer dans l'étude de ces détails.

216. Mais en pays de coutume où le Droit romain n'avait pas laissé d'aussi profondes racines, il n'y avait rien de semblable ; on vit alors renaître tous les abus qui s'étaient produits anciennement, et qui avaient nécessité que le législateur intervînt en promulguant les constitutions *Fœminœ que, Generaliter et Hâc edictali*. Aussi est-ce à la suite de scandales occasionnés par des seconds mariages achetés en quelque sorte au prix de libéralités excessives de la part de l'époux binube au profit de son futur conjoint, et grâce aux incessantes réclamations des légistes, que le chancelier L'Hopital se détermina à donner satisfaction à l'opinion publique ; il rédigea un édit célèbre connu sous le nom d'Edit des secondes noces et qui porte la date de juillet 1560.

217. Cet édit se compose de deux chefs empruntés tous les deux aux constitutions des Empereurs sur les secondes noces ; il ne fit donc en quelque sorte, qu'étendre aux pays de coutume la législation depuis longtemps en vigueur dans les pays de droit écrit. Il arriva que dans le Nord on appliqua littéralement les dispositions de l'édit, tandis que dans le Midi, les parlements voulurent conserver autant que possible leur ancienne jurisprudence fondée sur les lois romaines ; or, comme le texte de l'édit n'est pas la reproduction exacte du dernier état de la législation Justinienne, suivie dans les pays de droit écrit, il en résulta, sur nombre de points des divergences notables d'interprétations entre les parlements du Nord et ceux du Midi, ainsi que nous aurons plusieurs fois à le constater.

Premier chef de l'Edit.

218. Le premier chef est copié sur la loi *hâc edictali*, il est ainsi conçu « Ordonnons que les femmes veuves ayant enfant « ou enfants ou enfants de leurs enfants, si elles passent à nou- « velles noces, ne pourront, en quelque façon que ce soit, « donner de leurs biens meubles acquêts ou acquis par elles,

« d'ailleurs que de leur premier mari, ni moins leurs propres à
« leurs nouveaux maris, père, mère ou enfants desdits maris ou
« autres personnes qu'on puisse présumer être par dol ou
« fraude interposées, plus que l'un de leurs enfants ; et s'il se
« trouve division inégale de leurs biens, faite entre leurs enfants
« ou enfants de leurs enfants, les donations par elles faites à
« leurs nouveaux maris, seront réduites et mesurées à la raison
« de celui des enfants qui aura le moins. »

1° *Personnes auxquelles s'applique le premier chef de
l'édit.*

219. Ce premier chef s'applique aux « femmes veuves ayant
enfant ou enfants ou enfants de leurs enfants » prédécédés, qui
contractent un second ou subséquent mariage, mais depuis un
arrêt de règlement du 18 juillet 1587 (1), une jurisprudence
constante l'étendit aux hommes veufs ayant des enfants ou des
petits-enfants ; il défend à ces veufs ou veuves de donner à leur
nouveau conjoint plus qu'une part d'enfant le moins prenant ;
et en cas de troisième ou ultérieurs mariages, ce n'est pas
chaque époux isolément, mais cumulativement tous les époux
du conjoint remarié qui ne peuvent recevoir au-delà d'une part
d'enfant, de sorte que si ce dernier a disposé au profit de son
second époux de cette part d'enfant, il ne peut plus faire de
libéralités aux époux subséquents.

220. L'édit, pour éviter toute fraude, considère comme faits
au second mari (2) les avantages adressés « à autres personnes
qu'on puisse présumer être par dol ou fraude interposées », il
répute même légalement personnes interposées « les père, mère
ou enfants desdits maris, » ce que Pothier (n° 539) avec la

---

(1) Merlin. Répert. V. Noces secondes, § 4, art. 1er.
(2) Nous nous placerons désormais dans l'hypothèse de l'édit, c'est-à-
dire, d'une femme veuve qui se remarie, il nous suffit de savoir que les
mêmes décisions doivent être étendues aux hommes veufs qui contractent
un nouveau mariage.

majorité des auteurs, étend à toute la ligne directe ascendante ou descendante du second mari ; cette manière d'interpréter l'édit était peu en harmonie avec le caractère exceptionnel des présomptions légales, bien qu'elle fût cependant généralement admise.

221. Quand l'édit parle d'enfants présumés interposés, il ne s'agit évidemment que de ceux qui sont issus d'un précédent mariage du mari donataire, et nullement des enfants communs (1) ; mais si la donation avait été faite dans le contrat de mariage directement aux enfants à naître, on voyait généralement là une interposition de personnes, Pothier, nº 540. Cependant il y avait à cet égard des décisions contradictoires des Parlements (Denisart, Vº noces secondes, nºˢ 20 et suivants.)

2º *Avantages sujets à la réduction de l'édit.*

222. Tout avantage direct ou indirect qu'une femme fait à ses second ou ultérieurs maris tombe en principe sous l'application de l'édit. Il faut même y comprendre les libéralités que la veuve aurait faites avant son mariage à son futur mari en vue de l'union projetée ; sinon il eût été trop facile d'éluder les dispositions de l'édit. De même, les donations mutuelles, par contrat de mariage ou par dispositions testamentaires jusqu'à l'ordonnance de 1735 qui abolit les testaments mutuels, les dons mutuels dans les rares coutumes qui les autorisent dans le cas où il y aurait des enfants, car toutes ces dispositions bien que réciproques sont au fond des libéralités et non des contrats aléatoires (Pothier, nº 546). De même encore, le douaire conventionnel, s'il excédait le taux du douaire légal ; ce dernier

---

(1) Cette remarque n'est pas d'une utilité pratique très-grande, car ce n'est habituellement que pendant le cours du mariage que l'on a des enfants communs, excepté dans le cas de légitimation, et précisément, les donations entre époux dont il s'agit étaient faites par le contrat de mariage, puisque pendant le mariage les donations (entre vifs du moins) étaient prohibées dans la plus grande partie de la France ; elle s'applique également aux dispositions à cause de mort entre époux dans les pays qui les autorisaient pendant le mariage.

en effet que la femme tenait de la loi et non du mari n'était pas regardé comme une libéralité dans le sens de l'édit (1).

223. Tout avantage résultant au profit du second mari des conventions matrimoniales des époux était encore sujet à la réduction de l'édit; ainsi le préciput conventionnel, pour la moitié de sa valeur, si la femme acceptait la communauté, de même si c'était le mari qui fut remarié; mais dans ce cas si la seconde femme qui avait stipulé le préciput à son profit renonçait à la communauté, le préciput tout entier constituait une libéralité. Même décision quand les époux sont mariés sous le régime de la communauté conventionnelle et qu'il y a inégalité dans les apports; mais on avait discuté la question de savoir si cette inégalité des apports en cas de communauté légale constituait une libéralité dans le sens de l'édit de François II; Pothier adopte l'affirmative sans aucune hésitation, la communauté légale n'étant que l'interprétation faite par la loi de la volonté présumée des futurs époux.

224. S'il survenait à la femme pendant le mariage des successions mobilières, elles tombaient en communauté, à moins de réserves expresses dans le contrat de mariage; d'où la question de savoir s'il y avait avantage sujet à la réduction. Pothier, n° 553, pense que non, si le mari de son côté n'avait pas stipulé que les successions de même nature qui pourraient lui échoir lui seraient propres; il voit là une réciprocité de risques qui s'oppose à l'application de l'édit (2).

225. Enfin, on décidait généralement que les revenus provenant de l'industrie du mari ne pouvaient se compenser avec l'excédent d'apports de la part de la femme; ils trouvent une compensation bien plus naturelle dans les soins journaliers que la femme donne aux intérêts du ménage.

---

(1) Ricard professait à cet égard une opinion particulière, IIIe partie chap. 9. Gl. 2, n° 1224.

(2) Notre Code a décidé autrement dans les articles 1496 et 1527.

*3° Quotité disponible fixée par le premier chef de l'édit;
action en réduction, comment elle est exercée et par qui.*

226. L'édit fixe la quotité disponible à une part d'enfant le
moins prenant, quel que soit d'ailleurs le nombre des enfants.
S'il y avait à la fois des enfants et des petits-enfants nés d'enfants prédécédés, le partage s'opérait par souche; s'il n'y avait
que des petits-enfants tous au même degré, Pothier (1), Lebrun (2) et Ricard (3) distinguaient : appartiennent-ils à des
souches différentes, la part d'enfant se calcule encore d'après
la portion afférente à la souche qui prend le moins; mais s'ils
font partie de la même souche, c'est une part de petit-enfant,
le moins prenant, que l'on attribuera en pareil cas au conjoint
donataire. Cette solution ne nous paraît pas exacte, car les
enfants concourant avec une personne qui a droit à une part
d'enfant, le résultat doit être le même que s'il y avait en réalité
deux souches différentes; on ne saurait du reste argumenter de
ces mots « les enfants ou enfants de leurs enfants » qui terminent le premier chef de l'édit, ce serait leur donner une portée
qu'ils n'ont certainement pas; aussi, est-ce avec raison, selon
nous, qu'un arrêt de Toulouse du 16 mai 1619 avait résolu la
question dans un sens opposé à l'opinion des auteurs que nous
venons de citer. Ajoutons que si un enfant se contentait d'une
part inférieure à sa légitime, le *quantum* du disponible entre
époux ne devait pas pour cela descendre au-dessous du montant de cette légitime. (Pothier, n° 561.)

227. Quels sont les enfants qui peuvent demander la réduction? la loi *hâc edictali*, en droit romain, n'y avait admis que
ceux du premier lit, la loi *quoniam* (4) y appelle également les
enfants du second lit; en pays de coutume, on ne fit jamais

---

(1) Pothier, n° 565.
(2) Lebrun, successions, L. 11, chap. 6, sect. Ire, dist. V, n° 22.
(3) Ricard, IIIe partie, chap. 9, Gl. 3, n° 1274.
(4) Const. 9, *de secund. nupt.*

difficulté a interpréter l'édit dans le sens de la loi *quoniam*; l'égalité qui doit exister entre les enfants d'une même mère l'exigeait impérieusement : cependant dans les pays de droit écrit, après quelques hésitations, la jurisprudence depuis un arrêt solennel du 14 juillet 1660, relaté dans Henrys et approuvé par Bretonnier, son annotateur, appliqua constamment la loi *hâc edictali*, ou plutôt la novelle 22, chap. 27, qui en treproduit la décision et abroge la loi *quoniam* (1).

228. Mais pour que le droit de demander la réduction appartint aux enfants fallait-il qu'ils fussent héritiers de leur mère donatrice? Les auteurs décidaient que la qualité d'héritiers n'était pas nécessaire, parce que les biens retranchés sont chose que la mère avait fait sortir de son patrimoine et que la loi divise entre les enfants; ceux-ci les tiennent donc de la loi et non de la succession maternelle. Ce résultat peut paraitre étrange quand on voit les mêmes auteurs exclure du partage des biens retranchés l'enfant exhérédé (Pothier, n° 529. Ricard, n° 1305). On l'expliquait par la défaveur attachée à l'exhérédation. La femme ayant transféré à son mari la propriété des objets retranchés, les enfants ont une *condictio sine causâ* pour se les faire restituer, et même une revendication utile; du reste, comme Pothier le fait lui-même remarquer, il est peu intéressant de préciser la nature de l'action (Pothier, n° 574), il suffit de savoir que c'est une action personnelle réelle, c'est-à-dire qui est donnée même contre les tiers détenteurs.

229. Pour calculer le retranchement, on evaluait, d'une part, le patrimoine de la femme au jour de son décès, et la valeur des biens donnés à cette même époque, ou celle qu'ils auraient eue s'ils n'avaient pas été dégradés par la faute du donataire; pour les meubles donnés, on les évaluait d'après leur valeur au jour de la donation (Pothier, n° 589).

---

(1) Merlin-Repert, V° noces (secondes), § 4, art. 3, n° 1. — Lebrun, succession, L. 11, chap. 4, sect. 1, dist. III, n° 16.

230. Lorsque le mari avait aliéné des biens donnés, et qu'il en avait conservé suffisamment pour que la réduction pût s'opérer exclusivement sur ces derniers, Pothier décide que l'équité exige de ne pas évincer les tiers détenteurs ; mais jamais on n'était obligé (1) à une discussion préalable des biens du donataire. Si c'étaient des meubles qui avaient été donnés, les réservataires n'étant que créanciers de la valeur, Pothier (2) leur accorde l'hypothèque légale des femmes mariées sur les biens de leur mari ; mais cette décision nous paraît fort critiquable, car le droit à la réserve est né en la personne des enfants et n'a jamais fait partie du patrimoine de la femme, qui n'a pu le leur transmettre. Cela est si vrai, que jamais la femme, de son vivant, ne peut exercer l'action en réduction.

231. Une question qui divisait les auteurs, était celle de savoir si le mari doit être admis à prendre sa part dans la portion retranchée, à l'instar de l'enfant le moins prenant. Ricard, part. 3, ch. 9, Gl. 4, n° 1319, décidait la question négativement ; Pothier, n° 594, adopte son opinion ; elle est fondée sur les termes de la loi *hàc edictali* et de la novelle 22, ch. 27 ; mais ces textes n'avaient pas trait au point qui nous occupe et n'avaient d'autre objet que d'exclure du partage les enfants du second lit ; elle s'appuyait aussi sur cette idée, très-contestable, selon nous, que cette attribution aux enfants, de la portion retranchée, avait lieu en vertu de la loi *et non jure hereditario*. Aussi, nous préférons l'opinion de Renusson (3) et de Lebrun (4), qui interprétaient tout simplement le texte de l'édit et assimilaient complètement le mari à l'enfant le moins prenant ; c'est en vain, d'ailleurs, que l'on voudrait argumenter de ce que le rapport n'est dû qu'au cohéritier et non au mari donataire, car

---

(1) Art. 930 C. N., qui donne une solution opposée.
(2) Pothier, n° 589.
(3) Comm., part. IV, ch. III, no 67.
(4) Success., L. 2, ch. VI, sect. 1, dist. III, nos 19-21.

il ne s'agit ici que d'un rapport fictif, dans le but de déterminer la part afférente à l'enfant le moins prenant, et par suite au second mari (1).

232. *Donations de part d'enfant.* — Pour éviter toutes ces actions en retranchement, il arrivait souvent que l'époux remarié disposait, en faveur de son second conjoint, d'une part d'enfant. C'était là une donation de part de succession, par suite, une institution contractuelle qui devenait caduque par le prédécès de l'époux donataire. Renusson (Comm., 4ᵉ part., ch. 3, nº 73) pensait même que les enfants à naitre du mariage étaient tacitement substitués ; Pothier ne reproduit cette opinion qu'avec une grande hésitation (nº 596) que nous partageons pleinement. Il nous semble même que cette position préférable, faite aux enfants du second lit à l'exclusion de ceux du premier, n'est pas conforme à l'esprit de l'édit.

233. Mais comment déterminer la part du second mari quand la donatrice est morte sans laisser d'enfant ? On décidait généralement que cette part devait être de la moitié des biens, par application de la loi 164, § 1ᵉʳ, *de verb. sign.* : « *Partis appellatio, non adjectà quotà, dimidia intelligitur.* » Bien que cet adage nous touche peu, nous admettons volontiers cette opinion conforme à l'intention probable du disposant, de préférence à la décision peut-être plus logique de Lebrun (2), qui accorde au mari la totalité des biens de la femme.

234. On se demandait également si, pour le calcul de la portion afférente au mari, le fils ainé de la femme donatrice pouvait exercer son droit d'ainesse dans le partage des biens féodaux, le conjoint donataire étant considéré, en pareil cas, comme un enfant puiné ; la décision affirmative faisait peu de doute ; on partageait de même, c'est-à-dire en tenant compte

---

(1) L'article 922 nous fournit l'exemple d'un rapport fictif tout à fait analogue.

(2) Lebrun, liv. ii, ch. vi, nº 14.

du droit d'aînesse, les biens féodaux sur lesquels portait réduction, quand le second conjoint avait donné à son nouvel époux, au lieu d'une part d'enfant, une masse de biens excédant la quotité disponible fixée par l'édit ; il nous semble que cela prouve, contrairement à l'avis des auteurs cités au n° 228 ci-dessus, que l'attribution des biens retranchés avait lieu, non pas seulement en vertu de la loi, mais *jure hœreditario*. Pothier, du reste, au n° 593, prévoit l'objection et y répond d'une manière peut-être trop ingénieuse.

Second chef de l'Édit.

235. Ce second chef de l'édit, dont les dispositions, fondées sur un motif de conservation des biens dans les familles, n'ont pas passé dans le Code Napoléon, est la reproduction des constitutions *Fœminœ que et Generaliter*, modifiées par les novelles 3, ch. 1, et 22, ch. 25. Voici comment il est conçu :
« Au regard des biens à icelles veuves acquis par dons et libé-
» ralités de leurs défunts maris, icelles n'en peuvent et ne
» pourront faire part à leur nouveau mari ; ains elles seront
» tenues les réserver aux enfants communs d'entre elles et leurs
» maris, de la libéralité desquels iceux biens sont advenus :
» Le semblable voulons être gardé ès biens qui sont venus au
» mari par dons et libéralités de leurs défuntes femmes, telle-
» ment qu'ils n'en pourront faire don à leur seconde femme,
» mais seront tenus de les réserver aux enfants qu'ils auront
» eus de leur première. »

236. II. *A quelles personnes, à quels biens s'applique le second chef de l'édit.* — De la lecture du second chef de l'édit, il semblerait résulter que la défense d'aliéner les biens que la femme tient du premier mari, ou le mari de sa première femme, n'existe que vis-à-vis du nouveau conjoint de l'époux binube ; mais il n'en est rien. Ces biens sont grevés, entre les mains du conjoint qui se remarie, d'une sorte de substitution

légale en faveur des enfants du premier lit, ce qui empêche qu'il puisse les aliéner au profit de qui que ce soit d'une manière définitive ; cette conséquence, du reste, peut s'induire de ces termes de l'édit : « Ains elles seront tenues de les réserver aux enfants communs, etc.... »

237. Les libéralités dont il est ici question doivent s'entendre de tout avantage direct ou indirect que l'époux survivant a reçu de son conjoint prédécédé, il faut y comprendre les avantages résultant, pour l'époux survivant, des conventions matrimoniales de sa première union, et, dans le cas de communauté légale, de la confusion d'une partie de son patrimoine actif et passif avec celui de son premier conjoint ; en un mot, c'est la même théorie que dans le cas du premier chef de l'édit. Toute clause par laquelle les époux, par leur contrat de mariage, eussent renoncé au bénéfice du second chef de l'édit, eût été nulle dans les pays de coutume, bien que cependant la base de cette disposition fût l'interprétation légale de la volonté présumée du conjoint prédécédé : mais dans les pays de droit écrit, les parlements décidaient le contraire, par application de la novelle 22, ch. 2. Cependant, le 19 août 1716, un arrêt de règlement du Parlement de Paris, brisant une sentence de la sénéchaussée de Lyon (pays de droit écrit), décida que même dans les pays de droit écrit, une telle renonciation était non avenue (1).

238. Quant à la question de savoir si, dans les biens que la femme remariée est tenue de conserver aux enfants du premier lit, il faut comprendre ceux qui proviennent de son premier mari et qu'elle a recueillis, soit avant, soit après son convol, dans la succession d'un de ses enfants prédécédés, il y avait divergence d'opinions entre les pays de droit coutumier, qui décidaient la négative, et les pays de droit écrit, qui appliquaient les dispositions de la novelle 22, ch. 46, résumées dans l'au-

---

(1) Denizart, noces (secondes), n° 26. Pothier, n° 613. Merlin, Repert. noces (secondes), § 3, art. I, n° 2.

thentique *ex testamento* (1); cette novelle, au surplus, ne s'appliquait qu'à la mère remariée; elle distinguait (2) entre les biens que celle-ci avait recueillis *ab intestat* dans la succession de ses enfants, et ceux qu'elle en avait reçus à tout autre titre, les premiers étaient seuls compris dans la réserve.

239. II. *De la substitution fideicommissaire légale qui résulte du second chef de l'édit, de ses effets et de son extinction.* — Notre ancienne jurisprudence, dans une saine interprétation du second chef de l'édit, y avait vu une substitution tacite au profit des enfants du premier mariage, à la différence du droit romain, qui accordait aux enfants la propriété, avec réserve d'usufruit à l'époux survivant.

240. Cette substitution légale faisait que les enfants du premier lit étaient censés tenir les biens directement du conjoint prédécédé, et non de l'époux grevé; d'où les conséquences : 1° que les immeubles compris dans la libéralité étaient des propres paternels ou maternels, suivant que l'époux prédécédé était le père ou la mère ; 2° que ces biens ne s'imputaient pas sur la légitime des enfants dans la succession de l'époux survivant ; 3° que les aliénations de ces biens par l'époux grevé étaient révoquées de plein droit à sa mort au profit des enfants du premier lit, à moins que ceux-ci n'acceptassent sa succession, auquel cas ils étaient garants et tenus comme le grevé lui-même ; 4° que les enfants du premier lit seuls avaient droit au partage de ces biens réservés ; quant aux enfants du second lit, ils n'auraient pu prétendre au même bénéfice, à l'égard des choses données par leur père à leur mère survivante ou réciproquement, qu'autant que le conjoint donataire aurait lui-même convolé à un nouveau mariage (Pothier, n° 620).

241. Pour que les enfants du premier lit pussent recueillir

---

(1) Sous la const. 3, Code, *de secund. nupt.*, liv. 5, T. ix.

(2) Pothier, n° 609. Merlin, noces (secondes), § iii, art. ii, n° 10. Ricard, n° 1363.

les biens légalement substitués, fallait-il qu'ils fussent héritiers du disposant prédécédé? Pothier, Ricard et Lebrun, fidèles à leur doctrine que nous avons examinée plus haut, n'exigeaient pas cette condition; il suffisait, d'après eux, que ces enfants ne fussent pas incapables de succéder à ce donateur, ou n'eussent pas été par lui justement exhérédés.

242. Lorsque les biens réservés aux enfants du premier lit étaient des biens nobles, l'aîné pouvait y prendre son droit d'ainesse; mais en ce cas, il fallait qu'il acceptât la succession de l'époux prédécédé, les lois coutumières, dit Pothier, n'accordant le droit d'ainesse qu'à l'aîné qui est héritier.

243. La substitution légale s'éteignait par le décès de tous les enfants du premier lit et de leur postérité du vivant de l'époux grevé, car il ne restait plus personne au profit de qui elle pût s'ouvrir; mais si le grevé devenait veuf une seconde fois, la substitution était-elle éteinte? Duplessis et Lemaître admettaient l'affirmative. Pothier n'ose adopter cette opinion, parce que l'édit faisant dépendre la substitution du convol de l'époux survivant, cette condition est définitivement accomplie, quelle que soit, d'ailleurs, la durée de la seconde union. Lebrun pensait que la substitution ne s'éteignait que pour l'avenir, et par suite, que les aliénations faites par le grevé pendant son second mariage n'étaient valables que sous condition résolutoire.

244. III. *Extension donnée au second chef de l'édit par les coutumes de Paris et d'Orléans.* — La coutume de Paris, art. 279 et celle d'Orléans, dans son article 203, sont allées bien plus loin que le second chef de l'édit, elles en ont étendu les dispositions aux conquêts provenant à la femme de son premier mariage. Voici le texte de l'article 203 de la coutume d'Orléans, qui, de l'aveu de tous les auteurs, complète la disposition trop laconique et inexacte de la coutume de Paris « Et quant aux conquêts faits avec ses précédents maris, elle » n'en peut aucunement avantager son second ou autres maris : » toutefois peut disposer d'iceux, à autres personnes, sans que

» telle disposition puisse préjudicier aux portions dont les en-
» fants des dits premiers mariages pourraient amender de leur
» mère. » C'est cette première partie de l'article jusque :
« toutefois peut disposer, etc.... » qui n'était pas en relief dans
l'article 279 de la coutume de Paris ; mais toujours la jurisprudence d'accord avec les auteurs a suppléé à cette omission.

245. Il résulte de là une double prohibition : 1° Prohibition
absolue de disposer des conquêts de la première communauté
au profit du second mari ; 2° Prohibition de disposer de ces
mêmes conquêts au profit de toute autre personne, mais seulement dans la limite de la part des enfants du premier lit dans la
succession de leur mère.

246. 1re *Prohibition*. — Elle comprend tous les avantages
directs ou indirects que la femme a pu faire à son second mari
et même ceux qui peuvent résulter des conventions de mariage,
suivant ce que nous avons dit à propos du premier et du second
chef de l'édit. En cas de contravention à la disposition de la
Coutume, les enfants du premier lit, lors du décès de leur
mère, pouvaient au moyen d'une revendication utile, réclamer
les conquêts aliénés par elle au profit de son second mari, pour
les partager ensuite avec les enfants du second lit, ainsi que le
décidait expressément l'art. 279, mais s'ils étaient décédés sans
laisser de descendants, l'action en revendication ne pouvait
pas naître directement en la personne des enfants de la seconde
union, car ce n'était pas en leur faveur que la prohibition
avait été établie.

247. 2e *Prohibition*. — La femme remariée ne peut « aucunement » disait l'art. 279 de la Coutume de Paris, c'est-à-dire au
profit de personne, disposer des conquêts « au préjudice des
portions dont les enfants desdits premiers mariages pourraient
amender de leur mère ». Les enfants du premier lit seuls ont
l'action en retranchement dans la limite de leur intérêt, qu'ils
soient ou non héritiers de leur mère, suivant l'opinion qui avait

cours (Pothier, n° 645) (1) ; seulement il y avait là bien plutôt une interdiction d'aliéner qu'une substitution légale, comme dans le cas du second chef de l'édit, d'où un certain nombre de conséquences indiquées par Pothier, n° 640.

248. Pendant longtemps on appliqua la prohibition de l'art. 279 de la coutume de Paris à toute espèce d'aliénation des conquêts, soit à titre onéreux, soit à titre gratuit, mais la jurisprudence la restreignit ensuite aux aliénations à titre gratuit, ainsi que l'attestent deux arrêts des 8 et 20 juillet 1731 rapportés par Denizart (Pothier, n° 642).

249. L'interdiction d'aliéner les conquêts cessait pour l'avenir si le second mariage venait à être dissous ; elle cessait même dans le passé, si tous les enfants du premier lit décédaient sans laisser de postérité avant le conjoint remarié.

250. Il ne nous reste plus à examine. que quelques questions communes aux deux prohibitions.

251. D'abord fallait-il comprendre dans le mot conquêts, les conquêts mobiliers, ou le restreindre seulement aux immeubles. C'est à ce dernier sens que les auteurs et la jurisprudence s'étaient généralement attachés, quant un arrêt du 4 mars 1697, rendu sur les conclusions de d'Aguesseau (2) alors avocat général, vint faire changer la jurisprudence, et appliquer la prohibition aux meubles aussi bien qu'aux immeubles. D'Aguesseau démontre parfaitement qu'il s'agit ici d'une disposition de faveur dans l'intérêt des enfants du premier lit, et non d'une disposition pénale, que par suite, une interprétation extensive du mot conquêts ne peut qu'être conforme à l'esprit de la loi, et que d'ailleurs, si dans la plupart des articles de la coutume on trouve toujours le mot conquêt associé

---

(1) Contrà. Bourjon, *Droit commun de la France*, L. IV, T. VI, sect 4, n° 18.

(2) Discours de d'Aguesseau, t. IV, 41ᵉ plaidoyer. Pothier, n° 692.

au mot immeuble, cela indique évidemment qu'employé seul il comprend même les meubles (1).

252. Doit-on appliquer à l'homme qui se remarie les dispositions des articles 279 de la coutume de Paris et 203 de la coutume d'Orléans, qui prévoient le cas où une veuve convole en secondes noces. La jurisprudence a d'abord considéré ces articles comme des dispositions exorbitantes du droit commun, aussi décidait-elle la négative : mais depuis l'arrêt du 4 mars 1697, elle a adopté les idées de d'Aguesseau, qui au contraire voyait là une extension favorable du second chef de l'édit ; il nous semble que d'Aguesseau et la jurisprudence après lui sont peut-être allés trop loin, et qu'ils ont dépassé les limites de l'interprétation.

253. Ces articles de la coutume de Paris et de la coutume d'Orléans constituaient un droit local, qui n'était nullement applicable aux autres coutumes, dans le cas où elles eussent été muettes sur ce point ; seule, la coutume de Calais, dans son article 71 avait réglé d'une manière identique la condition des conquêts de l'époux qui se remarie.

254. Ajoutons en terminant, que l'ordonnance de Blois, dans son article 18 avait établi une peine particulière contre les veuves ayant enfant qui contractent mariage avec une personne indigne de leur condition ; elle annulait tous les avantages faits au second mari, et de plus, prononçait contre ces femmes une véritable interdiction légale. La coutume de Bretagne dans son article 454 contenait une disposition analogue.

---

(1) Merlin, dans ses questions de droit au mot conquêt, a cherché à réfuter la théorie de d'Aguesseau.

DROIT INTERMÉDIAIRE.

255. Depuis le droit romain jusqu'à l'époque à laquelle nous sommes arrivés, nous avons toujours vu les libéralités entre époux, pendant le mariage, sévèrement réglementées ; seulement aux raisons déjà puissantes mises en avant par le droit romain, était venue se joindre, dans notre ancien droit, une considération nouvelle, l'intérêt de la conservation des biens dans les familles. On comprend facilement que ce second motif des dispositions éminemment restrictives des coutumes en matière de libéralités entre époux, n'était pas de nature à leur permettre de traverser sans modifications la période de la tourmente révolutionnaire ; aussi une loi du 5 brumaire an II, qui, par une injuste rétroactivité, soumet à une égalité rigoureuse, le partage des successions précédemment ouvertes depuis le 14 juillet 1789, et restreint la quotité disponible ordinaire à des limites très-étroites (1), est-elle venue réglementer à nouveau la quotité disponible entre époux.

256. L'article 2 de cette loi distingue si l'époux donateur, au jour de son décès, laisse ou non des enfants ou descendants ; s'il ne laisse pas d'enfant, il a pu disposer au profit de son conjoint, de toute sa fortune ; si, au contraire, il laisse des enfants de son union, ces avantages, s'ils consistent en jouissance, ne peuvent s'élever au-delà de la moitié de ses revenus ; s'ils sont faits en propriété, ils sont restreints à l'usufruit des choses qui en sont l'objet, sans qu'ils puissent jamais excéder la moitié du revenu de la totalité des biens. Du reste, sous

____

(1) Un dixième ou un sixième de la succession, suivant que le *de cujus* laisse ou non des héritiers en ligne directe ; encore ces avantages ne peuvent-ils jamais avoir lieu au profit des successibles du *de cujus* (art. 11).

l'empire de cette législation, les donations entre époux sont aussi irrévocables que celles faites entre étrangers.

257. La loi du 17 nivôse an II, renouvelle les dispositions rétroactives de la loi du 5 brumaire, et rend exécutoire pour l'avenir la réglementation des successions, telle que l'avait établie la loi de brumaire, pour le temps intermédiaire entre le 14 juillet 1789 et sa promulgation ; elle complète, en le reproduisant, l'article 2 de cette dernière loi ; cet article, en effet, ne prévoyait pas, pour la fixation de la quotité disponible entre époux, le cas d'un époux remarié ayant enfants de son premier mariage ; la loi du 17 nivôse (art. 13, 2ᵉ alinéa), abrogeant par là les dispositions du premier chef de l'édit des secondes noces, assimile ce cas à celui où les époux laisseraient des enfants communs. Cette loi, si large en matière de donations entre époux, avait, par son article 61, aboli « toutes les lois, usages, coutumes et statuts relatifs à la transmission des biens par succession ou donation », et par là même avait abrogé tous les gains de survie légaux ; tels que douaire, augment, contre-augment, quarte du conjoint pauvre, tous ces avantages ne pouvant plus résulter désormais que de conventions expresses dans la limite de la nouvelle quotité disponible.

258. L'odieuse rétroactivité de la loi de brumaire fut l'objet de plaintes réitérées de la part de ceux qui en étaient atteints ; c'est ce que nous apprend le préambule d'une loi du 18 pluviôse an V, rendue précisément pour faire cesser ces réclamations ; elle décide en effet dans son article premier que la loi de brumaire ne s'appliquera qu'aux successions ouvertes depuis sa promulgation ; dans son article 6 elle tranche affirmativement une question qui était débattue, celle de savoir si la loi de nivôse permettait le cumul de la quotité disponible ordinaire et de la quotité disponible entre époux.

259. Telle fut la législation sur les donations entre époux jusqu'à l'époque du Code Napoléon ; elle ne fut même pas modifiée par l'excellente loi du 4 germinal an VIII, qui réglementa

à nouveau la matière de la quotité disponible ordinaire, et que nous nous contentons de signaler en passant.

260. Nous avons vu que l'article 13 de la loi de nivôse an II, avait abrogé les dispositions du premier chef de l'édit ; une question transitoire s'est élevée depuis, à l'occasion du second chef, et l'on s'est demandé s'il était également abrogé. Nous ne nous occuperions même p^r le ce point, si la Cour de cassation le 2 mai 1808 n'avait decidé la négative. Malgré cet arrêt et l'opinion conforme de Chabot dans ses questions transitoires, il nous est impossible d'être de cet avis. L'article 61 de la loi de nivôse qui déclare abolis « toutes lois, coutumes, usages et statuts relatifs à la transmission des biens par succession ou donation », nous paraît comprendre dans cette décision le second chef de l'édit ; et d'ailleurs, l'esprit même des lois révolutionnaires, qui ne considèrent plus l'origine des biens pour en régler la dévolution, et qui proclament l'égalité la plus parfaite entre les enfants, s'oppose à ce que les biens entrés dans le patrimoine du conjoint survivant, quelle que soit d'ailleurs leur provenance, soient partagés entre les enfants du premier lit, à l'exclusion de ceux du second.

TROISIÈME PARTIE.

DROIT FRANÇAIS MODERNE.

> ..... « On ne pourra plus douter que les donations ne soient l'effet d'un consentement libre et qu'il ne faut les attribuer ni à la subordination, ni à une affection momentanée ou inconsidérée, quand l'époux libre de les révoquer y aura persisté jusqu'à sa mort, quand la femme n'aura besoin, pour cette révocation, d'aucune autorisation. » (Bigot-Préameneu. — Exposé des motifs.)

261. La législation intermédiaire, en ce qui concerne les donations entre époux, avait, à notre avis, réalisé un progrès véritable ; le droit romain et notre ancien droit s'étaient en effet beaucoup trop préoccupés de prémunir les époux contre les dangers de la captation ou contre l'influence oppressive que l'un d'eux peut exercer sur l'autre ; il fallait que les lois de brumaire et de nivôse an II, malgré tous leurs vices et les criantes injustices qu'elles consacraient, vinssent modifier cet ancien état de choses et permettre à un conjoint de manifester à l'autre son amour et sa reconnaissance, par des libéralités que la loi, suivant nous, ne doit entraver qu'avec beaucoup de réserve.

262. Mais si ces lois eurent le mérite d'avoir ouvert une voie nouvelle, elles eurent d'un autre côté le tort immense de s'être montrées imprévoyantes, en rendant irrévocables les libéralités faites entre vifs par l'un des époux à l'autre ; c'était rompre

avec les sages traditions du passé et laisser les conjoints sans
défense contre les entraînements inévitables de la passion. Du
reste, toutes ces innovations, qui s'expliquent par les tendances réactionnaires du moment, étaient nécessairement empreintes d'un esprit d'exagération qui ne pouvait leur assurer
une existence durable; le législateur de l'an II avait su détruire, mais non pas réédifier; cette mission difficile était réser-
vée à une plume à la fois plus habile et plus impartiale.

263. On peut cependant reprocher au Code Napoléon de
s'être montré tellement sobre de développements que beaucoup
de questions sont restées indécises, et sont encore aujourd'hui
abandonnées aux fluctuations de la jurisprudence et aux interprétations souvent contradictoires de la doctrine.

264. Tout ce qui précède ne s'applique d'ailleurs qu'aux véritables donations entre époux, c'est-à-dire, celles qui inter-
viennent *durante matrimonio*, les seules dont nous nous
soyons jusqu'à présent occupé. Il nous paraît cependant difficile de passer sous silence, dans notre droit actuel, les donations que les futurs conjoints peuvent se faire par contrat de
mariage; ces libéralités, en effet, ont avec celles qui précèdent
beaucoup de points communs; c'est dans le même chapitre
que le législateur traite des unes et des autres, il leur applique
indistinctement les dispositions si importantes des articles 1094,
1098, 1099 et 1100, et l'on ne saurait, sans laisser une véritable lacune, s'occuper exclusivement des donations faites pendant
le mariage. Si nous avons suivi dans les explications qui précèdent une méthode différente, c'est que nous avons voulu
éviter les longs développements qu'aurait nécessités l'étude des
donations à cause de noces dans le droit romain et dans notre
ancienne jurisprudence, ainsi que celle de l'ordonnance de
1731, véritable chef-d'œuvre de codification sur la matière des
donations.

265. Nous diviserons cette dernière partie de notre travail
en trois chapitres : le premier sera consacré à une étude ra-

pide des donations entre époux par contrat de mariage; dans le deuxième nous examinerons les principes généraux qui régissent la matière des donations entre époux pendant le mariage; dans le troisième nous traiterons de la quotité disponible spéciale des articles 1094 et 1098; enfin, dans une sorte d'appendice, nous rechercherons suivant quelles règles doivent se combiner la quotité disponible ordinaire et la quotité disponible entre époux.

CHAPITRE PREMIER.

DES DONATIONS ENTRE ÉPOUX PAR CONTRAT DE MARIAGE.

266. Au début de cette matière, il est utile de dire quelques mots des précédents que nous avons négligés jusqu'à présent : à Rome, le mariage n'était pas habituellement accompagné d'instrumenta *dotalia* constatant les conventions matrimoniales des époux, mais cela n'empêchait pas que les époux se fissent des donations *antè nuptias*, en vue de l'union projetée; seulement, ce qui est remarquable, c'est que ces donations n'étaient pas subordonnées de plein droit à la réalisation du mariage, il fallait que les époux y eussent apposé cette condition expresse ; Constantin, comme nous l'avons vu, modifia cet état de choses par la Const. 15, C. *donat. antè nupt.;* du reste, ces libéralités émanaient le plus souvent du mari, ainsi que nous l'apprend la Const. 16, cod., tit. (1). Il ne faut pas les confondre

---

(1) Constantin faisant allusion à une donation *antè nuptias* faite par la future épouse, dit en effet : « *quod rarò accidit.* »

avec les *numera sponsalitia* ou cadeaux de noces, qui devaient être restitués si le mariage ne s'en suivait pas (1), ni avec les *arrhæ sponsalitiæ*, véritables arrhes donnés en vue du mariage projeté et pour en assurer l'exécution (2). Tout autres étaient aussi les donations *anté* ou *propter nuptias*, qui prirent naissance dans le dernier état du droit romain et qui constituaient, de la part du mari, un apport analogue et égal à la dot de la femme.

267. Mais c'est principalement dans notre ancien droit, et surtout dans les pays coutumiers, que nous voyons se développer l'institution des donations par contrat de mariage. Le droit commun, en cette matière, était la liberté complète; toute latitude à cet égard était laissée aux futurs époux (coutumes d'Orléans (3), de Montargis (4), de Nivernais (5); cependant quelques coutumes, dans le but de conserver les propres dans la famille, avaient apporté à ce principe des dérogations, et ne permettaient aux conjoints de disposer, l'un en faveur de l'autre, que de leurs meubles et acquêts, et seulement d'une partie de leurs propres en perpétuel ou en viager (6). La coutume de Touraine ne permettait même de disposer que de ses meubles à perpétuité et de la moitié des acquêts à vie (7). Un plus grand nombre décidaient que ces donations étaient résolues par le décès sans enfant de l'époux donataire. L'ordonnance de 1731 vint réglementer à nouveau la matière, et notre Code n'a fait en grande partie qu'en reproduire brièvement les dispositions dans les articles 1091-1093.

---

(1) Loi 2. C. de donat. *anté nupt.*
(2) Loi 5. C. de Sponsal. L. 5. T. 1.
(3) Art. 202, nouv. Cout., et 173, ancien. Cout.
(4) Tit. VIII, art. 8.
(5) Des donations, art. 12.
(6) Cout. de Blois, art. 161 ; de Bretagne, art. 220 anc. ; 205 et 207 nouv.
(7) Art. 236.

268. Nous consacrerons à l'explication de ces articles trois sections, et nous étudierons successivement les donations de biens présents entre futurs époux ; celles qui font exception à la règle : « donner et retenir ne vaut ; » enfin, les principes communs à toutes les donations, entre futurs époux, par contrat de mariage.

SECTION I. — Donation de biens présents.

269. L'article 1091, reproduisant en cela les traditions de l'ancien droit, proclame, au début du chapitre IX, la liberté qu'ont les époux de se faire par contrat de mariage, réciproquement ou l'un à l'autre, telles donations que bon leur semble ; c'était déjà la règle admise, dans le chapitre précédent, pour les donations en faveur du mariage faites par les tiers aux époux ; c'est encore celle que l'on retrouve en tête du titre du contrat de mariage, mais avec une sphère d'application beaucoup plus étendue, car ce principe de liberté, écrit dans l'article 1387 domine, dans notre droit, toute la matière des conventions matrimoniales.

270. Dans cette section, nous nous occuperons seulement des donations de biens présents faites par les futurs conjoints. Elles sont autorisées et réglementées par l'article 1092. Mais d'abord, qu'entend-on, dans cet article, par donations de biens présents ? Il est assez difficile d'en formuler une définition exacte ; le plus sûr moyen d'y parvenir est, suivant nous, de procéder par voie indirecte, en disant que : c'est toute libéralité qui ne fait pas brèche à la règle posée, par nos vieux auteurs, en ces termes précis et énergiques : « donner et retenir ne vaut ; » ainsi, sont évidemment des donations de biens présents, celles qui portent sur des biens dont le donateur n'est que propriétaire conditionnel, pourvu qu'il s'agisse d'une condition dont la réalisation ne dépend nullement de sa volonté.

271. « Toute donation entre vifs de biens présents, nous dit l'article 1092, faite entre époux par contrat de mariage, ne sera

point censée faite sous la condition de survie du donataire, si cette condition n'est formellement exprimée. » C'est là une règle qui va de soi, et au premier abord, on est étonné que le législateur ait pris la peine de rédiger un article spécial pour exprimer une idée aussi élémentaire. Cependant, cette disposition est loin d'être inutile ; en la consacrant, les rédacteurs du Code se sont proposé un double but : d'abord, ils ont voulu bien établir la différence qu'il y a entre ces donations et celles dont il est question dans l'article suivant, mais surtout ils ont voulu mettre fin à une controverse qui s'était élevée, dans l'ancien droit, à l'occasion des donations de biens présents ; on s'était demandé si elles étaient soumises à la condition tacite de de la survie du donataire au donateur, un certain nombre de coutumes décidaient la négative ; tel était aussi l'avis de Dumoulin (1) et celui de Ricard (2) ; mais Furgole, jurisconsulte des pays de droit écrit, admettait le droit de retour au profit du donateur survivant. C'était là une interprétation erronée des textes du droit romain ; en effet, la loi 6, C., *de donat. anté nupt.*, invoquée en faveur de cette opinion (3), est, à notre avis, tout à fait étrangère à la question ; il en est de même des lois 18, C., *de donat. int. vir. et ux.de legat.*, citées par d'autres auteurs, et dont Furgole lui-même répudie l'autorité en cette matière. Le projet de Code Napoléon, dans son article 154, trancha la difficulté en faisant prévaloir l'opinion de Dumoulin et de Ricard ; le tribunal de cassation proposa cependant de sous-entendre la condition de survie, quand les donations faites par les époux seraient réciproques, mais cette observation ne fut par prise en considération, et l'article 154, aujourd'hui article 1092, fut conservé avec toute sa généralité.

----

(1) *De donat. in contr. matri. fact.*, nᵒˢ 13 et 14.
(2) Part. 3, nᵉˢ 819 et suiv.
(3) Furgole, donations, question 49, nᵉ 28.

272. Seulement, les époux peuvent toujours subordonner leur libéralité à la survie du donataire, laquelle peut intervenir, soit comme condition résolutoire, soit comme condition suspensive. Dans ce dernier cas, la donation ne cesse pas pour cela d'être une donation de biens présents; elle ne participe en rien du caractère de l'institution contractuelle; le donataire est investi désormais d'un droit irrévocable à la fois, quant au titre et quant à l'émolument; et, par conséquent, s'il survit au donateur, la condition rétroagissant, il peut revendiquer contre les tiers auxquels ce dernier aurait aliéné l'immeuble donné; pour la même raison, il droit transcrire aussitôt que possible; il a aussi le droit de faire des actes conservatoires, *pendente conditione*; enfin, si c'est la femme qui est donataire, elle sera garantie par son hypothèque légale du jour même du mariage (1).

273. La donation de biens présents, nous dit l'article 1092 *in fine*, est soumise aux mêmes règles que des donations entre vifs ordinaires; nous verrons cependant, dans notre troisième section, qu'elle a beaucoup de caractères communs avec les autres donations entre futurs époux, dont il est question dans l'article suivant; on ne peut guère en citer que quatre qui lui soient propres et qui la rapprochent ainsi des donations de droit commun :

1° Elle saisit le donataire actuellement et irrévocablement, et par contre dessaisit le donateur ;

2° Elle n'est pas caduque par le prédécès du donataire (n° 295) ;

3° Elle est soumise à la transcription quand elle a pour objet des biens susceptibles d'hypothèques (art. 939). Nous verrons plus loin (n° 296), que certains auteurs étendent même la nécessité de la transcription aux donations de biens à venir;

4° Il doit être fait un état estimatif quand la donation comprend des objets mobiliers (art. 948).

274. Comme nous avons rejeté dans une section particulière toutes les règles communes aux diverses donations entre époux

____

(1) MM. Demolombe, donations vi, n°° 414 et 415. Troplong, donations, n°° 2531 et suiv.

par contrat de marige, il nous reste à examiner une seule question qui ne peut se poser que relativement aux donations de biens présents. Nous verrons en effet que les libéralités entre futurs époux ne sont point révoquées par la survenance d'enfants ou conjoint donateur (art. 960) ; mais si le donataire prédécède (a) sans postérité, et que le donateur ait ensuite un enfant d'un subséquent mariage, cette circonstance opérera-t-elle révocation de la donation ? Dans l'ancien droit on admettait généralement l'affirmative, c'était du moins l'opinion de Dumoulin et de Furgole (1), mais aujourd'hui, en présence des termes si formels de l'article 960, il est difficile de donner encore la même décision, aussi la plupart des auteurs pensent ils que la révocation n'a pas lieu ; cela tient, dit-on (2), à ce que le donateur est présumé avoir préféré son conjoint à ses enfants, mais n'est-ce pas là répondre un peu par la question ! C'est donc à regret que nous ne pouvons, sans violer le texte de la loi, adopter l'opinion contraire qui nous parait plus rationnelle, et qui a été enseignée, d'abord par Grenier et Delvincourt, et reproduite depuis par M. Boutry (3).

SECTION II. — Donations qui font exception à la règle « donner et retenir ne vaut. »

275. Elles sont autorisées entre futurs époux par contrat de mariage. dans l'art. 1093 ; nous allons les étudier successivement sous les trois formes qu'elles peuvent affecter ; mais comme il nous parait impossible de commenter isolément l'ar-

---

(a) Cette question supposant le prédécès du donataire est évidemment spéciale aux donations de biens présents, car les autres sont caduques par le prédécès du conjoint donataire.

(1) Dumoulin, *de donat. in contract. matr. fact.*, n° 25. Furgole sur l'article 39 de l'ordonn. de 1731.

(2) MM. Demolombe. Donat. 3, n° 773. Marcadé, sur l'art. 960, n° 4.

(3) Op. cit., n° 318.

ticle 1093, sans nous référer constamment à la matière des do-. nations faites par des tiers aux futurs époux, nous préférons exposer *ex professo* les principes qui régissent toutes leurs donations exceptionnellement permises par contrat de mariage, et signaler, à mesure que l'occasion se présente, les règles différentes qui doivent être admises, suivant que le donateur est un tiers ou bien l'un des futurs conjoints.

1° *Donations de biens à venir.*

276. Ce genre de libéralité est généralement désigné sous le nom d'institution contractuelle ; c'est, en effet, une institution d'héritier par contrat ; elle nous vient du droit germanique, où elle remplaçait le testament qui n'était pas connu ; aussi, originairement pouvait-elle avoir lieu, même en dehors d'un contrat de mariage, seulement quand la règle « Donner et retenir ne » vaut » s'introduisit dans notre ancien droit, il se fit, en quelque sorte, une transaction entre les principes nouveaux et les usages germaniques, et l'on restreignit les institutions contractuelles aux seuls cas de donations par contrat de mariage au profit des futurs époux.

277. L'institution contractuelle peut porter soit sur l'universalité, soit sur une quote part des biens. que le disposant laissera à son décès, soit même sur des objets individuellement déterminés. Le donateur conserve jusqu'à son décès la propriété des biens donnés, seulement il ne peut plus désormais en disposer à titre gratuit, si ce n'est (art. 1083) « pour sommes modiques » ; aussi on peut dire avec le tribun Jaubert qu'en cette matière « il faut distinguer le titre et l'émolument ; le titre est irrévocable, quant à l'émolument il ne pourra être véritablement connu qu'au décès. » La donation de biens à venir est donc une véritable donation entre vifs, car, du jour où elle est faite, le donateur a perdu une partie de son droit de propriété sur les choses données, celui d'en disposer à titre gratuit ; de plus elle est irrévocable quant au titre, le donateur en effet ne peut revenir sur sa libéralité, et la révoquer *ad nutum,* il peut seulement à son gré en diminuer l'émolument; mais d'un autre côté, c'est une donation de succession, qui laisse au donataire la faculté d'accepter ou de répudier au jour du décès du *de cujus*. C'est précisément cette complication des principes, des donations entre vifs avec ceux des successions qui rend la théorie de l'institution contractuelle particulièrement difficile (a).

278. Le donataire de biens à venir est donc un véritable héritier, de plus il a la saisine, non-seulement quant il a été institué d'une manière universelle, et qu'il se trouve en concours avec des héritiers non réservataires (art. 1006), mais dans tous les cas ; la raison en est qu'il tient son droit, non d'une disposition testamentaire, mais bien d'un contrat qui lui confère ce que l'on appelle la saisine contractuelle, aussi est-il dispensé de former une demande en délivrance ; Il peut, dès le jour de l'ouverture de la succession, exercer les actions héréditaires dont il est investi, de même qu'elles peuvent être exercées contre lui (1). Cette question, cependant, divise les auteurs, mais dans l'ancien droit elle était résolue dans le sens que nous adoptons (2).

279. Le caractère mixte de l'institution contractuelle a soulevé une autre difficulté, on s'est demandé si la femme dotale, de même qu'elle peut léguer ses biens dotaux, peut les aliéner par voie de donation de biens à venir. Nous répondrons négativement, car l'institution contractuelle enlevant au donateur le droit de disposer à titre gratuit des biens sur lesquels elle porte, constitue *hic et nunc* une aliénation partielle; or, en principe, les immeubles dotaux ne peuvent être aliénés entre vifs; ce serait d'ailleurs enlever à la femme la faculté d'en disposer dé-

---

(a) Nous n'avons l'intention de donner à ces principes que les développements nécessaires pour l'intelligence de notre sujet.

(1) MM. Demol. Donat. T. VI, n° 334. Aubry et Rau, t. VI, p. 267.

(2) Pothier. Introduc. au titr XVIII. Cout. d'Orléans, n° 23.

sormais pour l'établissement de ses enfants (art. 1555 et 1556), ce qui est cependant, ainsi que le fait remarquer M. Demolombe (1) l'un des buts de l'inaliénabilité dotale.

2° *Donation cumulative de biens présents et à venir.*

280. La donation des biens à venir présente un inconvénient, c'est que celui qui en est l'objet ignore quel en sera l'émolument au jour du décès du disposant; afin de remédier autant que possible à cette incertitude, et d'encourager plus vivement au mariage, le législateur a autorisé une troisième espèce de libéralité par contrat de mariage, qui a l'avantage de fournir au donataire une sorte de pis-aller, un parti intermédiaire entre l'acceptation et la répudiation, en lui permettant, sous certaines conditions, de renoncer aux biens à venir, pour s'en tenir aux biens présents ; telle est la disposition de l'article 1084 : la même immunité a été étendue par l'article 1093 aux futurs conjoints, relativement aux donations qu'ils peuvent se faire l'un à l'autre par contrat de mariage.

281. Ce qu'il est important de constater, c'est qu'il n'y a pas là deux donations géminées, mais une seule libéralité avec facilité pour le donataire au jour du décès du donateur de se contenter des biens présents ; si ce point a été contesté sous l'empire de l'ordonnance de 1731, si Furgole (2) lui-même et divers jurisconsultes de pays de droit écrit enseignaient le contraire, il est néanmoins certain qu'aujourd'hui la solution que nous adoptons est admise par tous les auteurs; aussi ne saurait-on soutenir que, relativement aux biens présents, le donataire est propriétaire du jour de la donation, et qu'il en est saisi d'une manière irrévocable, quand bien même il précèderait sans postérité ; ici, comme dans l'institution contractuelle pure

---

(1) Revue crit., t. 1er, p. 419.
(2) Donat. sur l'art. 17 de l'ordonnance qui, d'ailleurs, ne comporte nullement une pareille interprétation.

et simple, il y a une donation de succession, mais qui peut rétroagir quant aux biens présents.

282 Pour que l'option puisse être exercée, il faut qu'un état des dettes et charges du donateur existant au moment de la donation ait été annexé à l'acte (1). On évite ainsi la nécessité de preuves difficiles, source « de procès sans nombre et qu'un long intervalle de temps rendait souvent inextricables (2). » L'absence de cet état transforme la libéralité en une institution contractuelle pure et simple.

283. Nous pensons aussi que si la donation comprend des meubles, il faut annexer à l'acte un état estimatif: du reste, il est certain que l'absence de cet état n'empêcherait nullement le donataire d'exercer son droit d'option ; seulement, il ne pourrait le faire que pour les immeubles présents, en restant néanmoins tenu de toutes les dettes présentes (3).

284. A partir du jour de la donation, le donateur ne peut plus aliéner, à titre gratuit, les biens compris dans la libéralité; bien plus, si le donataire opte pour les biens présents, il pourra les revendiquer, contre les tiers acquéreurs, même à titre onéreux, et méconnaitre les droits réels conférés par le donateur. En pareil cas, malgré l'effet rétroactif de l'option du donataire, la prescription de l'action en délaissement qui lui appartient ne commence à courir que du jour du décès du donateur, non-seulement à l'égard des héritiers de ce dernier, mais même à l'égard des tiers détenteurs. Jusqu'à ce moment, en effet, le donataire n'a pas eu plus de droits qu'un institué contractuel ; il n'a donc pu faire aucun acte conservatoire ; par suite, aucune prescription n'a pu courir contre lui : « *actioni non natæ non præscribitur.* » (MM. Aubry et Rau, t. VI, § 740, texte et note 23, et § 739, texte et notes 63 et 73).

---

(1) C'est là une innovation, l'ordonnance de 1731 n'exigeait pas cet état.
(2) Locré. T. xii, 1. 569.
(3) *Contrà*, M. Troplong, Donat., t. iv, p. 2444.

285. Ajoutons que le donataire qui opte pour les biens présents pourrait être écarté par un acquéreur postérieur, soit à titre gratuit, soit à titre onéreux du donateur, lequel aurait transcrit avant lui (art. 941 C. N., et art. 3 de la loi du 25 mars 1855). C'est, du reste, une solution, généralement admise. Mais ce qui fait très-sérieuse difficulté, c'est de savoir si ce donataire évincé peut recourir en indemnité contre les héritiers du donateur, ou si ces derniers ne sont pas fondés à lui opposer le défaut de transcription ; nous n'avons pas à nous prononcer sur cette question, il nous suffit de faire remarquer l'intérêt considérable, pour le donataire, de faire transcrire immédiatement la donation en ce qui concerne les immeubles présents.

286. Le donataire ne pourrait opter pour les biens à venir, et laissant aux héritiers les biens présents ; nous sommes ici dans une matière exceptionnelle qui ne peut, par là même, se prêter à une interprétation extensive ; d'ailleurs, la décision contraire aurait le tort de mettre toutes les chances mauvaises du côté des héritiers naturels du disposant ; c'est même bien timidement que nous accorderions au donateur le droit de disposer de ses biens à venir sans mélange de biens présents (1).

287. Il reste à nous demander comment le donataire de biens à venir, et le donataire de biens présents et à venir qui n'usent pas du droit d'option, sont tenus des dettes héréditaires. On est généralement d'accord pour appliquer les mêmes règles que quand il s'agit de légataires, et par conséquent, on se trouve en présence d'une des questions très-controversées dans la doctrine et dans la jurisprudence.

3° *Donations faites sous des conditions protestatives de la part du donateur.* — 288. Cette dernière exception à la règle : « donner et retenir ne vaut, » nous est indiquée dans

----

(1) M. Demolombe, Donat., t. IV, n° 365, trouve cependant cette solution évidente.

l'article 1086. Elle a pour objet d'autoriser, par contrat de mariage, les donations avec charge, pour le donataire, de payer les dettes futures du donateur, ou avec réserve par ce dernier de disposer de certains biens compris dans la libéralité, ou enfin sous toute autre condition potestative de la part du donateur. Toute espèce de donation, soit de biens présents, soit de biens à venir, soit de biens présents et à venir, peut affecter cette dernière forme, bien que cependant on ait voulu soutenir que la première partie de l'article 1086 est spéciale aux donations de biens à venir et de biens présents et à venir; l'autre partie (depuis les mots « et en cas que ») aux donations de biens présents; mais cette interprétation ne nous paraît pas exacte et il n'y a réellement pas de raison de différence entre les deux hypothèses de l'article 1086, dont la rédaction du reste laisse un peu à désirer (1).

289. Remarquons d'ailleurs que, lors même que ce genre de donations a pour objet des biens présents, il faut néanmoins lui appliquer les règles de l'institution contractuelle, car c'est seulement au décès du disposant que s'ouvrira pour le donataire le droit d'accepter ou de répudier la donation, et que la propriété lui sera définitivement acquise en cas d'acceptation.

290. Mais on s'est demandé si les libéralités dont parle l'article 1086 sont permises entre futurs conjoints dans leur contrat de mariage; il est en effet remarquable que pas un article du Chapitre IX n'y fasse allusion. Cependant il n'est pas contestable que les futurs époux puissent se faire de semblables donations. La preuve en résulte clairement, suivant nous, des dispositions de l'article 947 qui déclare que les règles contenues dans les articles 943-946 ne s'appliquent pas en cette matière. (MM. Aubry et Rau, t. VI, p. 247 et suiv.). Il est évident

<hr>

(1) M. Demolombe et les auteurs cités par lui. Donations, t. VI, nos 368 et 360.

d'ailleurs qu'il ne s'agit pas ici de conditions purement potestatives de la part du donateur, les conditions de ce genre étant exclusives de toute espèce de lien juridique.

4° Règles communes aux trois espèces de donations exceptionnellement permises par contrat de mariage. — 291. 1° Ces libéralités, lorsqu'elles émanent d'un tiers (a), sont présumées faites au profit des enfants à naître du mariage, c'est-à-dire, que ceux-ci sont substitués vulgairement au donataire (art. 1082). Il y a là une exception au principe : « que, pour être capable de recevoir par donation, il faut au moins être conçu » (art. 906). Pour comprendre l'utilité de cette substitution, il faut se rappeler que l'institution contractuelle et ses modifications participent à la fois de la donation entre vifs et de l'institution d'héritier; à ce dernier titre, les libéralités dont nous nous occupons ne peuvent être efficaces qu'autant que le donataire survit au donateur; en substituant de plein droit les enfants à naître de l'union projetée, et en supprimant aussi la chance de caducité que nous venons de signaler, le législateur encourage puissamment au mariage, puisqu'il pourvoit en quelque sorte d'avance au sort des enfants.

292. Que décider si le conjoint donataire au jour du décès du disposant renonce ou est incapable de recueillir? Il nous semble qu'il faut suivre la tradition de l'ancien droit, c'est-à-dire, voir ici une véritable substitution vulgaire et appeler les enfants à défaut de leur auteur, il est vrai que l'article 1082 paraît repousser cette interprétation, car il dit : « dans le cas où le donateur survivrait à l'époux donataire, » mais nous pensons qu'il statue sur le *plerumque fit* et par suite ne fait pas obstacle à notre solution.

293. D'ailleurs il est certain que le disposant pourrait déclarer formellement qu'il n'entend gratifier que le donataire et non

---

(a) Nous entendons par tiers toute personne autre que l'un des futurs époux.

sa future postérité, mais nous ne pensons pas qu'il puisse disposer directement au profit des enfants à naître, ce serait étendre la dérogation apportée par la loi à l'article 906, ce qui est contraire aux principes d'une saine interprétation.

294. Lorsque ces donations par contrat de mariage sont faites par l'un des futurs époux à l'autre, la loi ne présume plus et par suite n'autorise plus (1) cette substitution des enfants à naître (art. 1093 *in fine*), on rentre dans le droit commun. La raison en est que les biens donnés ne sont pas perdus pour les enfants par suite de la caducité de la donation, ils les retrouveront dans la succession du conjoint donateur; il est vrai qu'ils seront peut-être obligés de les partager avec des frères et sœurs d'un autre lit, si leur auteur se remarie, mais il eut été dangereux de les remplir du vivant de ce dernier, de tout ou partie de la quotité disponible, et d'enlever ainsi à l'autorité paternelle l'un de ses moyens de répression les plus énergiques, le droit de réduire les enfants à leur réserve.

295. 2° Les donations dont il s'agit sont caduques par le prédécès du donataire et de sa postérité, si la donation émane d'un tiers, par prédécès du donataire seul, si elle émane de l'un des futurs conjoints. C'est d'ailleurs la conséquence forcée des principes qui précèdent (art. 1089 et 1093 *in fine*).

296. Peut-être est-il bon de dire ici un mot de la controverse qu'a soulevé le texte ambigu de l'article 1086. La fin de ce texte nous apprend en effet que si le donateur meurt sans avoir disposé de l'effet ou de la somme qu'il s'était réservé la faculté d'aliéner, ledit effet ou ladite somme appartiendra au donataire ou à ses héritiers. Cette donation n'est donc pas caduque par le prédécès du donataire et de ses descendants, puisqu'elle peut être appréhendée par les héritiers quelconques de ce donataire? telle est l'objection que fait naître la fin de cet article.

---

(1) M. Demolombe. Donat., t. VI, n° 417. — *Contrà*, MM Aubry et Rau, t. VI, p. 282 et 283.

La difficulté augmente quand on remarque que c'est là la re-production de l'article 18 de l'ordonnance de 1731, qui n'admettait pas la caducité dans le cas des donations dont nous parlons; mais aujourd'hui nous avons l'article 1089 qui domine la matière et vise expressément l'article 1086; nous sommes donc dans un labyrinthe dont il paraît difficile de sortir.

207. Cependant quelques jurisconsultes (1) s'inspirant des idées de l'ancien droit, ont cherché à reproduire sous l'empire du Code Napoléon, l'explication donnée par Furgole sur l'article 18 de l'ordonnance. Ils distinguent suivant que la condition apposée est suspensive ou résolutoire; est-elle suspensive, alors la donation restant sans exécution jusqu'à la mort du donateur « elle ne donne guère, dit M. Boutry, qu'une espérance, comme le ferait la donation de biens à venir. » On lui applique alors les mêmes règles, et par suite l'article 1089, est-elle au contraire résolutoire, la donation est alors provisoirement exécutée, sauf à être rétroactivement annulée si la condition se réalise, le bien donné étant alors entré dans le patrimoine du donataire est transmis lors de son décès à ses héritiers quelconques, la volonté seule du donateur survivant peut faire cesser cet état de choses, telle serait l'hypothèse prévue par la fin de l'article 1086. Cette ingénieuse explication a le tort de laisser dans l'ombre l'article 1089, qui est la pierre angulaire de la question; aussi sommes-nous convaincu que par ces expressions : « le donataire ou ses héritiers » le législateur de 1804 a voulu dire « le donataire ou ses descendants (2) ».

208. 3° L'institution contractuelle, quelle que soit celle des trois formes précitées qu'elle affecte, n'est pas soumise à la

---

(1) M. Coin-Delisle, art. 1089. — Marcadé, art. 1089) — M. Boutry, op. cit., n° 365.

(2) MM. Troplong, Donat. IV, n° 3483. — Demol. Donat. VI, n° 385. — Colmet de Santerre, I, n° 259 *bis* IV.

transcription (a). Cette proposition paraît peu en harmonie avec le caractère de libéralité entre vifs que nous lui avons reconnu; mais nous savons que c'est en même temps une donation de succession, et il nous semble qu'au point de vue qui nous occupe, c'est ce dernier aspect de l'institution contractuelle qui doit être surtout envisagé. Déjà dans l'ancien droit, la même difficulté s'élevait à propos de l'insinuation et était résolue diversement; l'article 19 de l'ordonnance de 1731 déclara cette formalité inutile, en ce qui concerne les donations par contrat de mariage en ligne directe, ce qui était l'exiger pour les autres cas; enfin le Code Napoléon a gardé, suivant nous, le silence sur la question. On ne saurait en effet argumenter de l'article 939, car il s'occupe de donations pour lesquelles la solennité de l'acceptation est nécessaire; or précisément les donations par contrat de mariage en sont affranchies (art. 1087); d'un autre côté la loi du 23 mars 1855, dans son article 11 déclare formellement ne vouloir pas innover en ce qui concerne la transcription des donations : les textes sont donc muets ; que faut-il en conclure ? que la transcription apparemment est inutile, car cette formalité extrinsèque apposée à la transmission de la propriété à l'égard des tiers est une exception au droit commun des conventions, et ne se justifie pas par un intérêt de crédit public ; or les exceptions sont de droit étroit. Il est heureux du reste que les principes seuls puissent nous conduire à ce résultat, sinon nous nous trouverions en présence d'une difficulté de fait considérable : en effet, il faudrait, si la donation est universelle ou à titre universel, la faire transcrire dans les bureaux de conservation d'hypothèques de tous les arrondissements où sont situés les immeubles du donateur, et renouveler cette transcription pour chaque immeuble que le donateur

---

(a) Voir cependant ce que nous avons dit plus haut (n° 285) de la donation de biens présents et à venir relativement à la transcription des biens présents.

acquerra dans la suite : ce serait rendre impraticables des libéralités que le législateur favorise de tous ses efforts ; peut-on admettre une semblable contradiction ? (1).

SECTION III. — Règles communes à toutes les donations entre époux par contrat de mariage.

299. Il est un certain nombre de règles qui sont applicables à toutes les donations entre époux par contrat de mariage, sans qu'il y ait à distinguer si elles ont pour objet des biens présents ou des biens à venir. En voici les principales :

300. 1° Ces donations sont toujours subordonnées à la condition tacite que le mariage aura lieu (art. 1088), et par conséquent sont caduques s'il ne se réalise pas. Il est vrai que ce principe est posé dans le chapitre relatif aux donations faites en faveur du mariage, mais il est évident qu'il doit être transporté dans notre matière ; c'est là un point qui, à notre connaissance, n'a jamais été contesté ; nous pensons qu'il y aurait également caducité si le mariage après avoir été contracté était déclaré nul.

301. 2° Toutes ces donations aussi bien que celles qui sont faites pendant le mariage sont soumises à la quotité disponible établie par les articles 1094 et 1098 ; c'est encore là un principe incontestable et qui est confirmé d'ailleurs par le texte de l'article 1094.

302. 3° Elles sont dispensées de la solennité de l'acceptation ; c'est-à-dire que nous leur appliquons les dispositions de l'article 1087 qui se trouve dans le chapitre précédent, *ubi eadem ratio, ibi idem jus* (2).

---

(1) MM. Aubry et Rau, t. VI, p. 81. — M. Troplong, Donat. t. IV n° 2372. — M. Demolombe, Donat, t. VI, n° 179.

(2) M. Demolombe, op. cit., n°° 249 et 422.

303. 4° L'article 1095 établit une règle importante et sur laquelle il est utile d'insister, c'est que le futur époux mineur peut par contrat mariage faire à son futur conjoint toutes les libéralités que pourrait faire un majeur; mais il lui faut pour cela le consentement et l'assistance de ceux dont le consentement est requis pour la validité de son mariage. On a pensé qu'il y aurait inconséquence à permettre que le mineur figurât comme partie principale à l'acte même de son mariage, c'est à-dire au plus solennel de tous les contrats, et à exiger d'un autre côté, que, pour un acte qui n'engage que des intérêts pécuniaires, il fût représenté par son tuteur ou par son père administrateur légal; on ne pouvait exiger plus pour l'accessoire que pour le principal. Du reste le siége de la matière est dans l'article 1398, qui pose la règle et ne fait en quelque sorte que traduire cet adage formulé par Dumoulin : « *habilis ad nuptias, habilis ad pacta nuptialia ;* » On trouve encore la même théorie reproduite dans l'article 1309; cette redondance d'ailleurs n'est pas sans utilité, car il suffit de remarquer la place qu'occupe cet article 1309 dans notre Code pour être convaincu, malgré la controverse qui s'est élevée sur ce point, que les articles 1095 et 1398 font allusion à la minorité ordinaire, et non à celle qui est exceptionnellement établie par l'article 148 C. N.

304. Comme cette capacité exceptionnelle du mineur fait plutôt partie du titre relatif aux conventions matrimoniales, nous nous contenterons d'en indiquer une conséquence remarquable qui se rattache à notre sujet; c'est que le mineur âgé de dix-huit ou de quinze ans révolus, suivant qu'il s'agit du fiancé ou de la fiancée, peut faire, dans son contrat de mariage, une donation entre vifs à son futur époux; il le pourrait même avant cet âge, dans le cas de mariage avec dispenses accordées par le gouvernement. Il y a là une dérogation bien notable aux articles 903 et 904.

305. 5° Il est certain que ces donations sont toujours révo-

cables pour cause d'inexécution des conditions, et qu'elles ne le sont jamais pour cause de survenance d'un enfant commun (art. 960); mais une très-grave question est celle de savoir si elles peuvent être révoquées pour cause d'ingratitude du donataire. Nous pensons qu'il faut adopter l'affirmative et repousser les arguments que l'opinion contraire tire des articles 959 et 960. Et d'abord, l'article 959 ; à notre avis, ni son texte, ni son esprit ne sauraient s'appliquer à la situation actuelle; son texte, car il prévoit le cas de donations en faveur du mariage, c'est-à-dire de donations faites par des tiers aux futurs époux; ces donations seules, en effet, à la différence de celles qui nous occupent, sont faites en vue des enfants à naître de la future famille en un mot, en faveur de l'union projetée; et c'est pour cela que la révocation pour ingratitude ne peut les atteindre, car ce serait frapper à la fois, et le conjoint coupable, et ses enfants qui sont innocents. Rien de semblable n'était à craindre en ce qui concerne les donations entre futurs époux; mais, dit-on, l'article 960 les qualifie cependant donations en faveur du mariage : à cela, on répond que cet article n'en parle que d'une manière incidente, et que, d'ailleurs, supposer que le législateur n'a pas pu laisser échapper une inexactitude de langage, c'est oublier que, dans ce même article, nous avons l'exemple frappant, et signalé par tous les auteurs, d'une erreur ma érielle, d'un véritable contre-sens législatif; n'est-ce pas le cas de dire, avec tout le respect dû aux rédacteurs du Code : Qui peut le plus, peut le moins. Les articles 959 et 960 écartés, on se retrouve en présence du droit commun, et nous ne voyons pas pourquoi on ne l'appliquerait pas. Notre solution est, du reste, conforme aux principes de la plus stricte morale; l'opinion contraire, à ce point de vue, nous paraît plus difficile à justifier.

306. A propos de l'ingratitude du donataire, il convient de rappeler ici une question qui a soulevé, dans la jurisprudence et dans la doctrine, les plus sérieuses controverses. On sait, en

effet, que notre Code avait emprunté aux lois de la révolution l'institution du divorce, et que ce fut seulement à titre de transaction, et pour donner satisfaction aux croyances religieuses des catholiques, que l'on introduisit dans notre droit la séparation de corps, qui relâche le lien du mariage sans le briser ; c'était là une innovation notable, qui nécessitait un remaniement dans le projet primitif du Conseil d'Etat ; mais le législateur, qui n'y vit, en quelque sorte, qu'une modification du divorce, se contenta d'y consacrer un chapitre très-court ; aussi, cette réglementation insuffisante donna-t-elle immédiatement naissance à d'interminables discussions.

307. De bonne heure, on se demanda si l'article 299, qui privait l'époux contre lequel le divorce avait été prononcé, de tous les avantages que lui avait faits son conjoint, soit par contrat de mariage, soit pendant le mariage, devait être étendu au cas de séparation de corps ; on voit la connexité intime qui existe entre cette question et notre sujet ; ce serait un cas de révocation *ipso jure* des donations entre époux. Doit-on l'admettre ? L'affirmative trouva d'abord fort peu de partisans, et l'on se demanda plutôt s'il fallait appliquer les principes de l'ancienne séparation d'habitation, c'est-à-dire considérer la séparation de corps comme donnant ouverture à une action en révocation pour cause d'ingratitude, ou bien refuser même cette ressource extrême au conjoint offensé par une interprétation, à notre avis, erronée (ci-dessus, n° 305) de l'article 959. C'est cependant cette dernière opinion que Merlin crut devoir adopter. Il la développa dans son répertoire (V° sép. de corps, § IV, n° V) à l'occasion d'un arrêt de la cour de Caen, du 22 avril 1812, motivé d'une manière remarquable, et dont il réfute successivement tous les considérants. Cette théorie de Merlin fit fortune devant la chambre civile de la cour de cassation, qui, pendant près de trente ans, résista aux tendances contraires de la majorité des cours royales ; mais le 23 mai 1845 la question arriva devant la cour de Cassation, toutes

chambres réunies, et celle-ci, contrairement aux conclusions de M. le procureur général Dupin, donna gain de cause à la théorie de la révocation *ipso jure*, battant ainsi en brèche, le système de la chambre civile ; depuis elle est constamment restée fidèle à sa doctrine, et la chambre civile elle-même s'y est ralliée, avec raison, selon nous.

308. Pour éviter une longue discussion, nous nous contenterons de présenter un seul argument en faveur de notre opinion, il est tiré de l'article 1518 qui nous paraît renfermer les éléments de la solution. Cet article en effet, prévoyant l'hypothèse où deux époux ont stipulé par contrat de mariage un préciput conventionnel, déclare que, dans le cas de divorce ou de séparation de corps, l'époux demandeur « conserve ses droits au préciput en cas de survie. » Il présuppose donc résolue affirmativement la question de savoir si l'article 299 domine la matière de la séparation de corps, et il réserve seulement les droits de l'époux innocent ; il n'est même pas absolument nécessaire de remarquer que l'article 1518 statuant pour le cas d'avantages entre époux à titre onéreux (art. 1516), doit à plus forte raison s'appliquer à ceux qui ont le caractère d'aliénation à titre gratuit, car on pourrait à la rigueur nous répondre que les déchéances ne doivent pas être étendues, même par argumentation *a fortiori* ; il nous suffit de faire observer que la décision de l'article 1518 ne peut s'expliquer qu'autant qu'on la rattache à l'article 299, car s'il s'agissait d'une pénalité toute spéciale elle serait prononcée d'une manière directe, et non par voie de disposition virtuelle.

309. En supposant cette explication admise, on est bien loin d'avoir écarté toutes les difficultés ; il reste à savoir notamment quel est au juste le motif de la déchéance édictée par l'article 1518 ; à notre avis, on ne saurait le trouver uniquement dans une idée d'ingratitude de la part du donataire, il faut y adjoindre une considération accessoire, l'inexécution des conditions tacites du mariage ; en un mot, il y a là une application du

9

principe de l'article 1184, car il ne faut pas oublier qu'il s'agit de convention à titre onéreux, et qu'en cette matière l'ingratitude de l'un des contractants n'est pas une cause de révocation.

310. Nous allons même plus loin, et nous pensons que l'on ne peut se rendre un compte exact de la décision de l'article 299 sans y faire intervenir l'idée de la révocation pour cause d'inexécution des conditions, établie par l'article 954 ; comment en effet se fonder sur l'ingratitude quand la séparation de corps a pour cause une condamnation à une peine infamante encourue par le donataire ? où est alors l'ingratitude ? De semblables prémisses nous conduisent fatalement à une conséquence dont nous ne nous dissimulons pas la gravité ; on s'est en effet demandé dans ces dernières années, à l'occasion d'un arrêt rendu par la Cour de Pau, le 8 août 1853, si la révocation des donations entre époux par suite de la séparation de corps anéantissait tous les droits réels consentis aux tiers par le donataire sur les biens donnés ; pour ceux qui adoptent notre opinion et qui voient là une violation du contrat matrimonial, l'inexécution des charges qu'il impose, il n'y a pas deux partis à prendre, il faut répondre qu'il y a résolution *erga omnes*. La Cour de Pau n'a pas hésité devant ce résultat, et il nous faut bien aussi l'admettre. C'est également l'avis de Marcadé (1) ; beaucoup d'auteurs (2) cependant, et la Cour de cassation (3) ; protestent contre cette explication de l'article 299 ; ils appliquent par analogie l'article 958 qui sauvegarde les droits des tiers sous prétexte qu'il s'agit d'une peine, et que les peines sont essentiellement personnelles. Il nous semble, au contraire, que la décision de l'article 958 n'est qu'une interprétation de la

(1) Revue critique, t. IV, année 1854, p. 511.

(2) M. Mimerel, Revue crit., t. V, année 1854, p. 527 — M. Demante même Revue, t. XXIX, année 1866, p. 383 — M. Rodière, J. Pal. 1856, t. 45.

(3) Civ. Rej. 30 août 1865.

volonté présumée de ceux qui ont traité avec le donataire ; ils sont réputés n'avoir pas voulu s'exposer aux chances de révocation dans le cas où le donataire se rendrait coupable d'ingratitude ; la loi a pour cette hypothèse dérogé au caractère réel de la révocation ; seulement c'est là une exception, favorable, il est vrai, mais qui n'en est pas moins une exception, et comme le législateur n'a pas jugé à propos d'en créer une semblable dans l'article 299, il ne nous est pas permis de suppléer à son silence ; ajoutons d'ailleurs qu'il s'agit d'une révocation de plein droit, c'est-à-dire qui doit produire en principe des effets radicaux.

311. Comme les causes de révocation des donations pour ingratitude sont en même temps des causes de séparation de corps, on voit par ce qui précède que la question de savoir si l'article 959 comprend dans ses termes les donations entre époux par contrat de mariage a considérablement perdu de son importance ; cependant voici des circonstances dans lesquelles elle peut encore se présenter : 1° Si l'époux qui pourrait obtenir la séparation de corps préfère demander seulement aux tribunaux la révocation des libéralités qu'il a faites à son conjoint dans son contrat de mariage ; 2° si l'époux est mort sans avoir connu l'ingratitude de son conjoint ou peu après l'avoir connue ; il n'y a plus alors de séparation de corps possible, puisque le mariage est dissous, mais les héritiers de l'époux outragé ont l'action en révocation, et peuvent venger la mémoire de leur auteur ; 3° si la séparation a été prononcée et que l'époux qui l'a obtenue se rende à son tour coupable d'ingratitude envers son conjoint.

312. Nous allons maintenant aborder l'étude des véritables donations entre époux, c'est-à-dire de celles qui sont faites *durante matrimonio*.

CHAPITRE DEUXIÈME.

DES DONATIONS ENTRE ÉPOUX PENDANT LE MARIAGE.

313. Nous avons vu à propos des donations par contrat de mariage que le principe dominant était celui de la liberté des conventions matrimoniales, que le législateur avait voulu favoriser autant que possible la noble institution du mariage, et que dans ce but il avait fait tomber toutes les barrières, en permettant, à l'instar de l'ancien Droit, différentes sortes de libéralités que prohibe le Droit commun ; il a même poussé plus loin sa sollicitude, il s'est efforcé de mettre la loi en harmonie avec les rapports faciles qui doivent exister entre les conjoints, et pour cela il a autorisé, même pendant le mariage, les donations exceptionnelles dont nous venons de parler, seulement il a placé le remède à côté du mal en déclarant que désormais ces donations seraient essentiellement révocables. Cette heureuse combinaison a l'avantage de protéger le donateur contre sa propre faiblesse et de maintenir le donataire dans le devoir par la crainte continuelle d'une révocation.

314. Dans ce chapitre nous examinerons successivement : 1° les différentes espèces de donations entre époux, leur forme, leurs caractères ; 2° leurs effets ; 3° les différentes modes de révocation de ces donations.

SECTION I. — Différentes espèces de donations entre époux pendant le mariage, leurs caractères, leur forme.

315. D'après ce qui précède, nous savons que les époux peuvent se faire pendant le cours de leur union toutes les donations qui sont autorisées par contrat de mariage. Cependant

ce droit ne leur est concédé directement par aucun texte spécial; il résulte *a contrario* de l'article 947, qui s'applique à toutes les libéralités, « dont il est mention aux chapitres VIII et IX du titre des donations; » or, c'est précisément dans le chapitre IX qu'il est traité des donations entre époux pendant le mariage.

Caractères communs à toutes les donations entre époux. — 316. 1° Elles constituent des libéralités entre vifs et, par conséquent, confèrent au donataire un droit actuel quoique révocable au gré du donateur. Il parait difficile de le contester, quand on voit l'article 893 déclarer qu'il n'y a que deux manières de disposer de ses biens à titre gratuit, par donation entre vifs ou par testament. Cependant les quelques auteurs (1) qui ont écrit dans les premières années du Code Napoléon, ont prétendu que la révocabilité, qui est de l'essence des donations entre époux, les transforme en de véritables libéralités à cause de mort; mais cette opinion dépourvue de base dans notre droit devait nécessairement être bientôt abandonnée; aussi la jurisprudence admit-elle de bonne heure la solution contraire (2). Elle ne s'arrêta nullement à l'argument que l'on avait voulu tirer de ces mots de l'article 1096 « quoique qualifiées entre vifs; » elle fit au contraire remarquer que ces expressions ont précisément pour but de prévenir et de réfuter d'avance le système que nous repoussons; mais c'est surtout de nos jours que l'on a parfaitement démontré que la révocabilité des donations entre époux et leur caractère de libéralités entre vifs n'ont rien d'incompatible : MM. Aubry et Rau (3) observent en effet fort judicieusement que rien n'empêche d'apposer aux conventions des conditions qui permettent à l'une des parties de résoudre à son gré le contrat, s'il en est

---

(1) Delvincourt, t. II, p. 197. — Vazeille, art. 901, n° 2.
(2) Cass., 22 juillet 1807 ; 16 juillet 1817.
(3) T. VI, p. 287, n° 3 ; T. VI, p. 64-65, n° 5.

autrement pour les donations, c'est à cause de la règle « donner et retenir ne vaut ; » or précisément elle ne s'applique pas à notre matière.

317. Ce caractère de libéralités entre vifs appartient même aux donations qui ont pour objet des biens à venir ou des biens présents et à venir (1) ; nous ne pouvons plus dire comme pour celles qui sont faites par contrat de mariage qu'elles ne sont révocables que quant au titre ; mais néanmoins nous pensons qu'elles opèrent *hic et nunc* transmission d'un droit éventuel de succession ; ce qui le prouve, c'est que le donataire doit accepter expressément la donation ; aussi, suivant nous, est-il investi au jour du décès du disposant de la saisine contractuelle, et par suite dispensé de toute demande en délivrance ; au contraire, on n'accepte pas d'avance les dispositions testamentaires, car elles n'engendrent au profit du légataire aucun droit actuel, mais seulement une simple expectative.

318. 2° Un second caractère commun à toutes les donations entre époux, c'est, nous le savons, la révocabilité ; il y a là une condition essentielle de leur validité (art. 1096) ; aussi doit-on décider que toute clause, par laquelle les deux époux ou l'un d'eux renoncerait à la faculté de révocation, serait radicalement nulle.

319. On avait toujours pensé que l'époux donateur peut révoquer *ad nutum* la donation qu'il a faite à son conjoint, quand, il y a quelques années, une théorie nouvelle s'est produite dans la doctrine ; elle est due à M. Demolombe, qui l'a exposée en 1851 dans divers articles de la *Revue critique* et récemment encore dans son commentaire du titre des donations ; le savant doyen de la Faculté de Caen pense que la loi n'a pas armé le donateur d'un droit de révocation purement

(1) Nancy, 27 août 1814. — Req. rej., 5 déc. 1816.

arbitraire ; que celui-ci ne doit l'exercer qu'autant qu'il a à se plaindre de son conjoint, seulement dans l'appréciation des causes d'ingratitude il est juge souverain ; le législateur n'a pas voulu que les époux portassent sans cesse leurs griefs devant les tribunaux ; il s'en est remis à la conscience et à la probité du donateur. Nous croyons cependant que cette manière d'envisager la révocabilité des donations entre époux est trop étroite, et que les rédacteurs du Code, à tort ou à raison, ont reproduit simplement l'ancienne théorie du *jus pœnitendi*, établie autrefois pour les donations à cause de mort ; en un mot, ils ont voulu que le donateur pût toujours revenir sur sa libéralité et se préférer, quant à ce, à son conjoint donataire ; une générosité que l'on regrette occasionne bientôt des tiédeurs dans les rapports réciproques des époux, et l'on finit par où l'on aurait dû commencer, c'est-à-dire, par une révocation ; mais l'amitié s'est enfui du foyer conjugal ; peut-être si le donateur eût tout d'abord suivi son inspiration, qu'il eût en secret rétracté sa libéralité, il eût bientôt compris qu'il avait été trop sévère pour un conjoint dont l'affection ne s'est pas démentie un seul instant, et fût revenu de lui-même sur une détermination qu'il n'aurait jamais dû prendre ; du reste, que l'on adopte ou non le sentiment de M. Demolombe sur cette question, il ne nous semble pas que l'intérêt pratique qui en résulte soit considérable, et nous pensons avec M. Dalloz (1) que toutes les conséquences que tire M. Boutry (2) de la doctrine émise par M. Demolombe, sont également vraies dans l'opinion contraire.

320. 3° Les donations entre époux ne sont point révocables pour cause de survenance d'enfant (art. 1096, 3° alin.) ; cette disposition doit même s'appliquer au cas où le mariage ayant été stérile, le donateur a eu ensuite un enfant d'une seconde

---

(1) Rép. v° donation, n° 2382.
(2) Op. cit., n° 378.

union ; il y a même raison que plus haut de le décider ainsi (ci-dessus n° 274), et de plus cette considération, qu'en ne révoquant pas la donation, le donateur a manifesté par là l'intention de lui voir produire son effet ; cette hypothèse, d'ailleurs ne peut se présenter que pour des donations de biens présents.

321. Mais il faut appliquer aux donations entre époux la révocation pour inexécution des conditions ou pour ingratitude ; il semble au premier abord que c'est là une question oiseuse, puisque ces libéralités sont révocables au gré du donateur ; cependant ce droit de révocation sera très-utile aux héritiers du donateur qui pourront l'exercer après sa mort ; nous admettons également la révocation de plein droit résultant de la séparation de corps suivant l'interprétation que nous avons donnée plus haut de l'article 299.

322. Enfin il est certain que ces donations, lors même qu'elles ont pour objet des biens à venir ou sont faites sous des conditions potestatives de la part du donateur, ne doivent pas être étendues aux enfants nés ou à naître (*arg. a fortiori* de l'article 1093).

Formes des donations entre époux. — 323. Les donations entre époux sont assujéties aux mêmes formes que les donations entre vifs ordinaires ; par conséquent elles doivent être faites par acte notarié reçu en minute (art. 931) ; la présence réelle du second notaire ou des deux témoins est indispensable (loi du 21 juin 1843, art. 2) ; elles sont soumises à la solennité de l'acceptation ; l'article 1087 est ici sans application.

324. Si elles ont pour objet des biens présents susceptibles d'hypothèques ; elles doivent être transcrites (art. 939) ; mais à quoi bon, dira-t-on, puisque ces donations sont essentiellement révocables, et que, par conséquent, malgré la transcription le donataire ne peut conférer aux tiers que des droits subordonnés à la même cause de révocation ? C'est vrai, mais cela n'empêche pas la propriété de passer au moment même de la donation sur la tête du donataire ; et si plus tard les créan-

ciers du donateur pratiquent sur lui une saisie immobilière, ils pourront se prévaloir du défaut de transcription et faire aussi porter la saisie sur les biens donnés ; de plus, dans une opinion qui compte beaucoup de partisans, le défaut de transcription pourrait être aussi invoqué par les héritiers du donateur. Un second avantage de cette transcription c'est qu'elle arrêtera le cours des inscriptions hypothécaires sur l'immeuble donné, en opérant une véritable purge des hypothèques non inscrites. En troisième lieu les hypothèques légales qui auront frappé les biens du donateur avant la transcription de la donation, affecteront définitivement les immeubles donnés. Tout ce qui précède s'applique également à la donation cumulative de biens présents et à venir, pour le cas où le donataire opterait pour les biens présents (ci-dessus n° 285).

325. Si la donation de biens présents comprend des meubles, l'état estimatif exigé par l'article 948, est indispensable ; en effet, il sert à déterminer ce que doit restituer le donataire en cas de révocation ; et si le donateur ne s'en est pas encore dessaisi, il permet au donataire, dans le cas où les biens de son conjoint seraient saisis par ses créanciers, de former une demande en distraction de saisie.

326. Les dons manuels entre époux sont parfaitement valables, et en même temps essentiellement révocables ; il en est de même des donations indirectes (art. 1099, 1er alin.) ; quant à celles qui sont déguisées sous forme de contrats à titre onéreux ou faites par personnes interposées, il en sera question plus loin (*infrà* n° 421 et suiv.).

327. Enfin les époux peuvent se faire des donations mutuelles, mais l'article 1097 a soin de nous apprendre qu'elles doivent avoir lieu par actes séparés. En autorisant les donations réciproques par un seul et même acte, on aurait pu porter atteinte en fait à la révocabilité, qui est de leur essence ; c'est une décision analogue à celle de l'article 968 en matière de testament ; le motif d'ailleurs est le même. S'il en était autrement

pour le don mutuel dans l'ancien droit (a), c'est que précisément il était irrévocable. Rien n'empêche d'ailleurs que les actes qui contiennent les donations respectives de chacun des époux à l'autre aient été rédigés successivement et dans un seul trait de temps (1).

SECTION III. — Effets des donations entre époux.

328. Nous avons vu que ce sont de véritables libéralités entre vifs ; il en résulte les conséquences suivantes :

329. 1° Elles produisent un effet immédiat, c'est de saisir le donataire ; s'il s'agit de biens présents, elles opèrent *hic et nunc* transport de la propriété des choses données ; s'il s'agit de biens à venir, elles confèrent au donataire la saisine contractuelle, pour le cas évidemment où ce dernier survivrait à son conjoint, sinon la donation serait caduque (*arg. a fortiori* de l'art. 1088).

330. Mais une question très-débattue entre les auteurs est celle de savoir s'il faut admettre aussi pour la donation de biens présents, que le prédécès du donataire est une cause de caducité. Les principes que nous avons posés sur la nature des donations entre époux, conduisent directement à décider la négative, et telle est, en effet, notre opinion ; néanmoins, la théorie contraire fut longtemps adoptée par l'unanimité des auteurs ; aujourd'hui encore, elle compte un très-grand nombre de partisans : mais la jurisprudence s'est, au contraire, séparée complètement de la doctrine, et, fidèle à cette idée que les donations entre époux sont des libéralités entre vifs, elle en a

---

(1) Voir un arrêt de la cour de Rennes du 15 thermidor an XIII, qui admet l'opinion contraire, il a été cassé avec raison le 12 juillet 1807 après pourvoi dans l'intérêt de la loi.

(a) Même depuis l'ordonnance de 1735 qui abolit l'usage du testament mutuel.

logiquement déduit cette conséquence, c'est qu'elles ne sont pas caduques par le prédécès du donataire quand elles ont pour objet des biens présents ; cela fut reconnu, pour la première fois, par la cour de Limoges, le 1er février 1840, et la cour de Cassation, le 18 juin 1845, brisa un arrêt de la cour de Rennes qui avait décidé le contraire. Depuis cette époque, la jurisprudence est fixée dans ce sens (1). Pourquoi donc beaucoup d'auteurs continuent-ils à protester ? Voici leurs motifs (2) : 1° Ils se fondent sur ce que la tradition leur est favorable ; cela n'a rien d'étonnant, car le droit romain et l'ancien droit civil considéraient, en principe, comme nulles les donations entre époux, sauf ratification tacite si le donataire survivait ; mais aujourd'hui, au contraire, qu'elles sont parfaitement valables, cette ratification n'a plus de raison d'être ; il faut donc leur appliquer les règles ordinaires des donations entre vifs ; 2° On argumente ensuite de l'article 1092, qui décide que les donations de biens présents par contrat de mariage ne sont pas caduques par le prédécès du donataire, et l'on dit, *a contrario* doit-il y avoir caducité dans le cas de donations pendant le mariage ; mais nous savons que l'article 1092, qui ne fait, d'ailleurs, que consacrer le droit commun, a été introduit dans le Code pour écarter l'opinion contraire enseignée par Furgole, et n'a nullement la portée qu'on lui prête ; 3° on ajoute que si les donations de biens à venir et de biens présents et à venir par contrat de mariage, sont caduques par le prédécès du donataire, malgré leur irrévocabilité, *a fortiori*, doit-il en être de même de donations essentiellement révocables ? Mais comme on l'a fort bien fait remarquer, il n'y a aucune relation entre la révocabilité des donations et leur caducité ; ce dernier caractère dépend de la nature des biens donnés ; il suffit, pour s'en con-

---

(1) Angers, 27 juin 1848. Toulouse, 26 février 1861.
(2) Voir la liste considérable d'auteurs cités par M. Demolombe, t. VI, n° 469.

vaincre, d'opposer les articles 1081 et 1092 respectivement aux articles 1089 et 1093. C'est ainsi que l'on répond également à un argument que M. Duranton a voulu tirer *a fortiori* de la révocabilité restreinte des donations dont parle l'article 1086. Nous croyons avoir ainsi exposé et réfuté les principales objections, et c'est avec une profonde conviction que nous persistons dans notre opinion (1). Du reste, nous reconnaissons parfaitement que l'époux donateur peut stipuler le droit de retour (art. 951) en cas de prédécès du donataire, et que les tribunaux pourraient même y suppléer, dans le cas où l'intention du disposant résulterait de l'ensemble des clauses de la donation.

331. Nous tenons aussi pour certain que le donateur conserve son droit de révocation, malgré le prédécès de son conjoint ; c'est ce qui a été reconnu implicitement par les considérants qui terminent l'arrêt de Limoges précité.

352. 2° Les donations entre époux étant des libéralités entre vifs, il en résulte, en second lieu, que l'époux même majeur de seize ans ne peut disposer de cette manière au profit de son conjoint ; depuis cet âge jusqu'à la majorité ordinaire, il lui faut recourir à la voie du testament, encore n'a-t-il ainsi qu'une demi-capacité, en vertu de l'article 904.

333. 3° Il suffit que le donateur et le donataire aient été capables au moment de la donation. Cela est vrai, même pour le cas de donation de biens à venir, car nous savons que ce n'est autre chose qu'une dnoation de succession ; dans cette hypothèse, il faut que le donataire ait encore, au décès du disposant, la capacité de succéder *ab intestat*, quand même il aurait perdu celle de recevoir par donation ; c'est précisément la condition dans laquelle se trouve le condamné à une peine

---

(1) En ce sens : MM. Troplong (Donat., IV, n° 2689), qui s'est rallié à ce système après avoir enseigné le contraire dans son traité du Cont. de mar., n° 3273 ; Aubry et Rau, VI, p. 291, n° 19, Demol. loc. cit. ; M. Colmet de Santerre, t. IV, n° 276 bis, VI ; Boutry, op. cit, n° 390 et suiv. ; Dalloz, repert., V° Donations, n° 2403.

afflictive perpétuelle, depuis la loi du 31 mai 1854. Cette solution, généralement rejetée par les auteurs, a été parfaitement mise en lumière par M. Demolombe (1), à qui nous l'empruntons.

334. 4° La femme doit être autorisée par son mari dans la donation qu'elle lui fait, à la différence de ce qui a lieu dans le cas de testament.

335. 5° Elle ne peut donner à son mari ses immeubles dotaux, bien qu'elle puisse les lui léguer, peu importe qu'il s'agisse ou non d'une donation de biens présents (ci-dessus, n° 279).

336. 6° L'époux pourvu d'un conseil judiciaire ne peut donner à son conjoint qu'avec l'assistance de son conseil (article 499) ; il peut, au contraire, tester seul.

337. 7° Les donations, entre époux, de biens présents, sont réductibles à leur date comme les donations ordinaires, en commençant par la plus récente; mais en est-il de même des donations de biens à venir? Nous ne le pensons pas (2), bien que cependant ce soient des libéralités entre vifs, car si elles ont conféré immédiatement un droit au donataire, il n'en est pas moins vrai que le transport de la propriété ne s'effectuera qu'au jour du décès du donateur, et cela sans rétroactivité. Il y a là, en effet, quelque chose d'analogue à une donation avec terme, quand ce terme a été apposé à la translation même de la propriété (a); une semblable libéralité, à notre avis, prend rang, au point de vue de la réduction, du jour de l'arrivée du terme, et non du jour où l'acte a été passé devant notaire; seulement, dans la donation de biens à venir, le terme

(1) Donat., VI, n°ˢ 394 et 465 combinés.
(2) MM. Aubry et Rau, VI, p. 290 ; Troplong, n° 2661.
(a) Une telle convention est valable entre époux, car la règle « donner et retenir ne vaut » ne s'applique pas aux donations que les conjoints peuvent se faire l'un à l'autre.

serait incertain puisque son arrivée est subordonnée à la mort du disposant ; c'est ce qui nous fait décider qu'elle doit être réduite après les legs, mais avant toutes les autres donations (1).

SECTION III. -- De la révocation des donations et de ses effets.

338. Nous avons vu plus haut (n° 305), que les causes ordinaires de révocation des donations entre vifs, sont applicables aux donations entre époux, à l'exception de la révocation pour survenance d'enfant ; aussi nous n'y reviendrons pas et nous ne nous occuperons ici que de la révocabilité spéciale qui affecte les libéralités faites entre conjoints pendant le mariage.

339. Le Code est complètement muet à cet égard, et l'on suit par analogie les mêmes règles que pour les dispositions testamentaires, d'où il résulte que la révocation peut être expresse ou tacite.

1° Révocation expresse.

340. Il est de principe que les formes sacramentelles sont l'exception, et ne peuvent être étendues d'un cas à un autre par voie d'interprétation ; aussi sommes-nous porté à penser que Toullier (2), Delvincourt (3) et Coin-Delisle (4), avaient raison de soutenir avant la loi du 21 juin 1843, que les donations entre époux pouvaient être révoquées par une simple manifestation de volonté de la part du donateur, contenue dans un acte quelconque ; mais depuis que cette loi dans son article 2, assimile au point de vue de la forme, la révocation des donations et celle des testaments, cette opinion doit être certainement rejetée. La révocation doit donc résulter soit d'un acte devant notaire passé en la présence réelle de deux témoins ou

---

(1) Coutra, M. Demol, VI, n° 467.
(2) T. V. n° 923.
(3) T. 2, notes p. 448.
(4) Art. 1096, n° 15.

d'un second notaire ; soit d'un testament (art. 1035). Dans l'un et dans l'autre cas, la femme qui révoque n'a pas besoin de l'autorisation maritale (art. 1096 2ᵉ alin. et 226), on en comprend facilement la raison.

341 Un testament olographe serait suffisant pour opérer révocation, cela résulte de la discussion même de la loi de 1843 (1) ; mais en est-il de même d'un acte en la forme olographe, écrit en entier, daté et signé de la main de l'époux donateur, mais qui ne contient aucun legs ? nous répondons affirmativement, car l'art. 110 du projet de code (devenu depuis l'art. 1035), décidait que la révocation s'effectuerait au moyen « d'une déclaration de changement de volonté dans l'une des for- » mes requises pour les testaments ; » mais Tronchet ayant fait admettre que la révocation pourrait aussi résulter d'un acte devant notaires en la forme ordinaire ; il fallut modifier l'art 110, et dans la nouvelle rédaction on substitua maladroitement le mot « testament » à la périphrase citée plus haut ; il est vrai qu'il ne s'agissait que de révocations de testaments, mais nous savons que les mêmes règles sont applicables aux donations entre époux.

2° *Révocation tacite.*

342. Ici encore il faut s'en référer aux principes posés par le législateur, à propos des testaments ; nous allons en faire l'application à notre sujet.

343. La donation entre époux est révoquée par une donation ou un testament faits postérieurement, et contenant des dispositions contraires (art. 1036) ; mais elle subsiste évidemment pour le surplus. De même l'aliénation de biens compris dans la donation en opère révocation, et cela, sans qu'il y ait à distinguer si cette aliénation a été faite ou non avec faculté de rachat ; à titre gratuit ou à titre onéreux ; peu importe aussi que cette

____

(1) Voir Dalloz. Répert. vᵒ Donat. nᵒ 2410.

aliénation soit ensuite annulée pour vices de formes ou pour une cause différente, autre, cependant, qu'un vice de consentement de la part du disposant ; dans ce dernier cas, en effet, *l'animus adimendi* ayant fait défaut chez le donateur, il ne saurait y avoir révocation (art. 1038).

344. C'est pour la même raison que l'hypothèque consentie par le donateur sur l'un des immeubles compris dans la donation de biens à venir n'a d'autre effet que de grever l'objet entre les mains du donataire ; celui-ci se trouve ainsi soumis à l'action hypothécaire, sauf son recours contre l'héritier (art. 1620). Le droit français s'est inspiré de l'excellente décision de la novelle 162, ch. 1er, § 1er, laquelle abrogeait les lois 35, § 2. Dig. et 12 au code de donat. int. vir. et ux.; il est évident, en effet, que c'est en général sous l'empire de la nécessité et non de gaité de cœur que l'on constitue des hypothèques. L'établissement par le donateur de droit d'usufruit ou de servitude sur les biens donnés auraient, au contraire, pour résultat de restreindre la donation dans la mesure de ces droits.

345. Mais il faut tenir pour certain que les dettes contractées par le donateur ne peuvent jamais révoquer tacitement les donations de biens présents qu'il a faites à son conjoint. Il ne s'agit pas ici de dispositions testamentaires, auxquelles on applique la règle « *nemo liberalis nisi liberatus,* » mais bien de libéralités entre vifs qui ne peuvent subir d'autre diminution que celle résultant de la réduction dans le cas où il y aurait des héritiers à réserve ; les créanciers qui n'ont pas eu soin de se faire donner des sûretés réelles ne doivent s'en prendre qu'à eux-mêmes ; du reste, il va de soi que nous prévoyons le cas où il n'y a pas eu fraude de la part du donateur, sinon il y aurait lieu à l'exercice de l'action révocatoire établie par l'article 1167.

346. Quels sont maintenant à l'égard des tiers les effets de la révocation, par le donateur ? Il nous semble que le donataire étant propriétaire sous condition résolutoire, il faut appliquer purement et simplement ce brocard de droit : « *Resoluto jure*

dantis, resolvitur jus accipientis, » sauf le recours des tiers contre le donataire, s'ils ont acquis à titre onéreux. Cette solution peut paraître bien rigoureuse à l'égard des ayant-cause du donataire, mais elle est la conséquence nécessaire des principes en matière de condition résolutoire. Du reste il faut remarquer que la révocation exercée par le donateur sera le plus souvent paralysée, relativement aux meubles donnés, par l'effet de la maxime « en fait de meubles, possession vaut titre, » laquelle remédie à l'inconvénient que présenterait pour l'acquéreur, quand il s'agit de choses aussi facilement transmissibles que les meubles corporels, la nécessité de s'informer si les précédents propriétaires possédaient en vertu d'un titre irrévocable. En ce qui concerne les immeubles, la prescription court au profit des tiers détenteurs, du jour où il sont entrés en possession, et elle s'accomplit, soit par trente années à dater de ce jour, soit par dix à vingt ans, dans le cas de possession de bonne foi, et en vertu d'un juste titre (MM. Aubry et Rau, t. VI. § 700, texte et n° 21). Lorsque l'action révocatoire, à l'encontre des tiers détenteurs, est ainsi rendue inefficace par l'exception tirée de l'art. 2279 ou de la prescription acquisitive, le donateur a néanmoins un recours en indemnité contre le donataire, jusqu'à concurrence de la valeur de la chose donnée d'après son état à l'époque de la donation et sa valeur au jour de la révocation (arg. d'anal. de l'art. 922). Le donataire qui restitue la chose donnée doit être indemnisé des dépenses d'amélioration qu'il a pu faire dans la limite de la plus-value qui en est résultée; il doit de son côté rendre le donateur indemne des détériorations et dégradations qui proviennent de son fait ou de sa faute, mais il a droit de conserver dans tous les cas les fruits qu'il a perçus jusqu'au jour de la révocation, de même qu'il ne peut réclamer les dépenses usufructuaires qu'il a faites pendant la durée de sa jouissance. Si la donation a eu pour objet une chose incorporelle, le donataire n'est tenu qu'à la restitution des titres (art. 1607 et 1689, arg. d'anal.).

10

347. Tous les effets produits tant à l'égard des conjoints qu'à l'égard des tiers par la révocation *ad nutum* des donations entre époux s'appliquent également à la révocation virtuelle résultant de la séparation de corps.

348. Si la révocation émane des héritiers de l'époux donateur, ce qui ne peut avoir lieu que par cause d'inexécution des conditions ou d'ingratitude de la part du donataire, comme ils agissent en vertu des articles 954 et 957 et non de l'art. 1096, il faut appliquer respectivement les décisions des articles 954 et 958 que nous connaissons déjà.

349. Quant aux créanciers du donateur, ils ne peuvent révoquer du chef de leur débiteur les donations qu'il a faites à son conjoint; il y a là (art. 1166 *in fine*, et art. 1096) un droit essentiellement attaché à la personne ; ce droit revêt au contraire un caractère purement pécuniaire quand il est exercé par les héritiers du donateur dans les cas que nous venons d'indiquer (n° 348) ; aussi pensons-nous que les créanciers de ces héritiers pourraient intenter l'action en révocation en vertu de l'article 1166 (1); cette opinion cependant n'est pas admise par tous les auteurs lorsqu'il s'agit de révocation pour cause d'ingratitude (2).

---

(1) M. Demol. Donat. t. III, n° 692.
(2) MM. Aubry et Rau, t. VI, p. 109 n° 17 et t. III, p. 80 n° 13.

DROITS D'ENREGISTREMENT.

APPLICATION A LA PERCEPTION DES DROITS D'ENREGISTREMENT DES PRINCIPES QUI RÉGISSENT LES DONATIONS ENTRE ÉPOUX.

350. Il nous semble qu'il n'est pas sans intérêt d'examiner comment les règles que nous avons tracées précédemment ont été appliquées par la pratique à la perception des droits d'enregistrement; c'est le moyen de les mettre mieux en relief.

352. Il faut distinguer au point de vue de la perception des droits les donations entre vifs qui opèrent dessaisissement actuel et celles qui ne doivent produire cet effet qu'au jour du décès du donateur, que nous appellerons donations éventuelles; la loi du 22 frimaire an VII, art. 68, § 3, n° 5, et après elle, la loi du 28 avril 1816, art. 45-4°, assimilent ces dernières aux mutations par décès.

I. *Donations entre époux par contrat de mariage.*

1° *Donations de biens présents.* — 352. Ces donations produisant une mutation immédiate de propriété au profit du donataire sont soumises au droit proportionnel, lequel doit être perçu lors de l'enregistrement du contrat de mariage. Il est fixé par la loi du 28 avril 1816, art. 53, à 3 0/0 pour les immeubles, 1 50 0/0 pour les meubles; seulement pour favoriser les libéralités par contrat de mariage, la fin de cet article réduit à moitié le montant du droit, pourvu qu'il s'agisse de donation de biens présents, soit 1 50 et 0 75 0/0; mais d'un autre côté une loi du 18 mai 1850, art. 10, assimila les transmissions de biens meubles à titre gratuit aux transmissions de biens immeubles, ce qui porte actuellement le droit proportionnel à 1 50 dans tous les cas de donations de biens présents. Il ne faut pas oublier que les donations d'immeubles sont de plus soumises à un droit de transcription de 1 50 0/0, nous le négligerons dans les explications qui suivent.

353. Si la donation de biens présents était faite sous une condition suspensive, par exemple le prédécès du donateur, les règles sur l'enregistrement conduisent à décider qu'il y aurait seulement perception d'un droit fixe lors du contrat de mariage et perception du droit proportionnel au jour de l'arrivée de la condition.

2° *Donations éventuelles.* — 354. Nous appelons ainsi les donations de biens à venir et de biens présents et à venir. Ce sont là des libéralités entre vifs, mais comme le transport de la propriété n'a lieu qu'au jour du décès du disposant, l'art. 68, § 3, n° 5 de la loi de frimaire an VII modifié par l'art. 45, § 4 de la loi 1816 les soumet seulement à un droit fixe de 5 francs perçu lors de l'enregistrement du contrat de mariage, la perception du droit proportionnel ne devant avoir lieu qu'au décès du donateur. Ce droit proportionnel, comme nous l'avons vu, est de 3 francs tant pour les meubles que pour les immeubles; la réduction de moitié établie par l'art. 53 de la loi de 1816 ne s'appliquant pas aux donations éventuelles; nous croyons même que ce droit de 3 francs est dû intégralement dans le cas de donations de biens présents et à venir, lorsque le donataire opte pour les biens présents, le législateur de 1816 n'a eu d'autre intention que de favoriser les libéralités par contrat de mariage qui opèrent dessaisissement actuel.

II. — Donations entre époux pendant le mariage.

355. Il y a lieu à la perception des mêmes droits que s'il s'agissait de donations par contrat de mariage, seulement les transmissions de biens présents ne jouissent plus du bénéfice de

la réduction au demi-droit proportionnel. Il faut remarquer aussi que les donations pendant le mariage donnent de plus ouverture à un droit d'acte, lequel n'est pas exigé pour celles qui se font par contrat de mariage, pour ces dernières en effet le droit d'acte se confond dans celui de 5 francs qui est perçu sur l'ensemble des conventions matrimoniales (art. 45, § 2 de la loi du 28 avril 1816).

356. Mais nous devons signaler une pratique, à notre avis, tout à fait vicieuse en ce qui concerne les donations de biens présents pendant le mariage (1) ; elle consiste à ne soumettre cette espèce d'actes à la perception du droit proportionnel qu'à l'arrivée du décès du donateur. On se fonde sur les articles 21 et 54, § 3, de la loi de frimaire, qui le décidaient effectivement ainsi pour les testaments et les donations à cause de mort ; seulement il faut remarquer que ces donations à cause de mort, qui devaient revêtir la forme des testaments ou des codicilles (ordonn. de 1731, art. 3), ont précisément été supprimées par le Code Napoléon (art. 893). Il est vrai qu'à l'origine la jurisprudence et la plupart des auteurs imaginèrent d'assimiler à ces libéralités les donations de biens présents entre époux ; mais nous savons que les Cours royales (Limoges, 1er avril 1840) et la Cour de cassation, le 18 juin 1845, rentrèrent résolument dans la voie des vrais principes, et nous sommes convaincus que si la Cour suprême a pu sanctionner par ses arrêts du 20 juillet 1836 et du 22 janvier 1838 une interprétation de la loi de l'an VII, qui n'est plus en rapport avec notre législation actuelle, c'est qu'elle subissait alors l'influence des idées inexactes qui avaient cours à cette époque, et dont elle s'est aujourd'hui complétement débarrassée. On pourrait peut-être nous objecter

---

(1) En ce sens: M. Demante, *Traité de l'Enregistrement*, t. II, n°° 604-614, — Dalloz, Rép. V° Enregistrement, n°° 3844-3852. — Rodière et Pont, contrat de mar., n°° 223-238. — En sens contraire : Championnière et Rigaud, t. IV n° 2989. — *Journal des Notaires*, n° 8008.

que l'art. 53 de la loi de 1816 reproduit encore l'expression de
« donations à cause de mort, » usitée dans l'ancien droit, mais
nous répondons que, malgré cet anachronisme législatif, le
texte ne fait allusion qu'à ce que nous avons appelé des donations éventuelles, car il prévoit uniquement le cas de « mutations qui s'effectuent par décès; or, il nous est impossible de
reconnaître ce caractère à une donation de biens présents entre
époux.

357. Ces considérations du reste n'avaient pas échappé à
l'administration de l'Enregistrement, et deux délibérations du
16 novembre 1814 et 26 février 1833, rendues dans des cas où
les époux avaient manifesté expressément l'intention de voir
leurs donations produire un effet immédiat, semblaient devoir
être le prélude d'un revirement plus radical; mais en 1834,
par une nouvelle délibération qui porte la date du 11 février,
la régie revint à ses anciennes traditions monumentées dans
une instruction générale du 3 fructidor an XIII, § 27; nous
aimons à croire que ce retour n'est pas définitif.

358. Aux tarifs que nous avons indiqués plus haut, il faut
ajouter un décime et demi, lequel se compose d'un décime de
guerre établi par la loi du 6 prairial an VII, et d'un demi-dé-
cime qui remonte à la loi du 8 juin 1864, et qui a été maintenu
depuis.

CHAPITRE TROISIÈME.

DE LA QUOTITÉ DISPONIBLE ENTRE ÉPOUX.

359. Nous sommes arrivé à la partie la plus difficile de notre travail, c'est en même temps un sujet extrêmement pratique et qui a donné naissance à de nombreux monuments de jurisprudence.

360. La quotité disponible entre époux est la même, qu'il s'agisse de donations par contrat de mariage ou pendant le mariage, entre vifs ou testamentaires, peu importe ; elle varie seulement suivant la qualité des réservataires ; nous rappelons que si l'un des conjoints est mineur, il ne peut disposer pendant le mariage que par testament, dans les limites tracées par l'article 904, encore faut-il qu'il soit âgé de plus de seize ans.

SECTION I. — Quotité disponible entre époux qui n'ont pas d'enfants d'un précédent mariage.

361. On comprend que dans les donations entre époux la qualité de la personne gratifiée devait être pour le législateur un puissant motif d'étendre le disponible ordinaire ; cela était d'autant plus juste que le Code ne rétablissait pas les gains de survie légaux, douaire, augment de dot, quarte du conjoint pauvre, supprimés par la loi de nivôse an II. Seulement il était à craindre d'un autre côté que, sous prétexte d'assurer le sort du conjoint survivant, l'époux donateur ne sacrifiât les intérêts les plus légitimes, en restreignant les enfants à une réserve insuffisante ; nous allons voir comment on est arrivé à concilier, autant que possible, les sentiments si louables de l'affection conjugale avec les droits non moins respectables des héritiers

réservataires ; tel est l'objet des articles 1094 et 1098. Dans cette section nous supposerons, avec l'article 1094, que les époux n'ont pas d'enfants d'un précédent mariage.

362. Trois hypothèses doivent être étudiées successivement :

1re *Hypothèse*. — 363. L'époux donateur ne laisse ni ascendants ni descendants, — alors il a pu valablement disposer de tous ses biens au profit de son conjoint ; ce dernier en effet doit être au moins aussi bien traité qu'un étranger (art 1094, 1re alin. et 916).

2e *hypothèse*. — 364. Le donateur ne laisse que des ascendants. — Dans ce cas, la quotité disponible ordinaire est étendue en faveur de l'époux survivant ; celui-ci peut en effet recevoir, outre la moitié ou les trois-quarts en propriété (art. 915), l'usufruit de la réserve des ascendants (art. 1094 1er alin. *in fine*).

365. On peut être étonné de voir ainsi les ascendants réduits à une nue-propriété, eux qui habituellement sont âgés d'une génération de plus que le donataire. Cette singularité n'avait pas échappé aux rédacteurs du Code Napoléon, et le tribun Jaubert, dans son rapport au tribunat, le 9 floréal an XI, s'exprimait ainsi : « Pourquoi la mort d'un des époux changerait-elle la » position de l'autre, surtout pour des droits qui ne sont ouverts » que par l'interversion du cours de la nature. » Raison insuffisante, car l'époux survivant va profiter seul de la jouissance d'un patrimoine qu'il partageait auparavant avec son conjoint, il y a donc pour lui enrichissement ; on répond que les ascendants pourront vendre leur nue-propriété, s'ils sont dans le besoin ; mais tout le monde sait ce que vaut une nue-propriété, et l'aliénation d'un pareil droit est le plus souvent la pire des spéculations. Il eût été préférable, ou de restreindre le quantum de la réserve des ascendants, ou de la transformer en un droit d'usufruit ; aussi, nous pensons que c'est avec raison que M. de Malleville, presque aussitôt après la promulgation du

Code (1), critiqua cette disposition regrettable de l'article 1094.

366. La rédaction de cet article laisse à désirer dans la partie finale du premier alinéa; il y est dit en effet : « Et en outre de » l'usufruit de la totalité de la portion dont la loi prohibe la » disposition au préjudice des héritiers. » Pourquoi ne pas dire : « au préjudice des ascendants? » Cela tient à ce que le projet de Code avait établi une réserve pour les collatéraux; aussi, sous l'empire de ce système, le texte de l'article était irréprochable; mais, quand à la suite de la discussion devant le Conseil d'Etat, la réserve des collatéraux eut été supprimée, un changement de rédaction eût été nécessaire. La section de législation du tribunat le fit remarquer dans ses observations sur le projet de loi (2); néanmoins, l'article 1094 ne fut pas modifié. Il nous semble qu'il y a eu là une omission, car il ne s'agissait que d'un simple changement d'expressions, sur l'utilité duquel il ne pouvait y avoir doute. Cependant, on a soutenu que ces mots : « au préjudice des héritiers, » permettaient d'étendre le disponible en usufruit, de l'article 1094 à la part de biens dont un époux mineur se trouve, en cette qualité, accidentellement incapable de disposer (art. 904); mais cette prétention a été rejetée avec raison par le tribunal de Muret, le 31 décembre 1839, et ensuite par la cour de Toulouse, le 27 novembre 1841 (3).

367. Si l'on suppose que le donateur laisse des ascendants autres que son père ou sa mère, et en même temps des frères et sœurs; que, de plus, il ait institué un étranger son légataire universel, on peut se demander si ces ascendants ont droit à leur réserve. Nous ne le pensons pas, la réserve n'est, en effet, que la partie non disponible de la succession; pour y avoir droit, il faut donc être héritier. Or, précisément ces ascendants

---

(1) Analyse raisonnée de la discussion du Code civil, t. II, p. 137.
(2) Fenet, t. XII, p. 467.
(3) Dalloz, R. P., 42, 2, 48.

sont primés par les frères et sœurs, et par suite, n'ont aucune vocation *ab intestat.*

368. Mais ce qui fait très-sérieuse difficulté, c'est de savoir si ces frères et sœurs, qui sont privés de l'émolument de la succession par l'effet du legs universel, peuvent néanmoins renoncer à leur qualité d'héritier, ce qui mettrait le légataire en présence des ascendants et permettrait à ceux-ci de réclamer leur réserve. Un premier système considère cette renonciation comme radicalement nulle; car, dit-on, à quoi renoncent les frères et sœurs, puisqu'ils ne peuvent rien appréhender de la succession, *quod quis si velit habere, non potest, repudiare non potest.* Ce serait là une cause de collision entre l'ascendant et lès frères et sœurs; ceux-ci renonceraient, moyennant une somme que l'ascendant leur promettrait. Le système opposé, que nous croyons mieux fondé, répond : qu'il est inexact de dire que les frères et sœurs soient absolument dans la même position avant et après leur renonciation; car si le légataire universel répudie ensuite le legs à lui fait, ou si plus tard le testament est annulé, ce seront les ascendants, et non pas les frères et sœurs, qui viendront à la succession *ab intestat*; la renonciation de ces derniers leur est donc extrêmement préjudiciable. Quant au danger de collision, il n'est pas aussi grand qu'on pourrait le croire, comme le fait fort bien remarquer M. Demolombe, car cette renonciation à prix d'argent constitue précisément une véritable acceptation de la part des frères et sœurs et fait manquer le but qu'ils se proposaient. Enfin, on a toujours la ressource de prouver la fraude par tous les moyens possibles. Ce qui démontre bien le vice du premier système, c'est que dans l'application, ses partisans sont complètement divisés; suivant les uns, puisque les frères et sœurs ne renoncent à rien, c'est qu'ils n'ont aucun droit sur la succession; donc, dit-on, il ne faut jamais tenir compte de leur présence, et accorder toujours aux ascendants leur réserve. Mais les autres de répliquer : Ils ont au moins la qualité d'héritier, laquelle est sans doute inefficace

entre leurs mains, mais suffit pour paralyser, dans tous les cas, le droit des ascendants ; cette dernière observation nous parait compromettre singulièrement le système qui s'en prévaut : elle est, au contraire, la base de l'opinion opposée que nous avons adoptée.

3ᵉ *hypothèse*. — 369. Le donateur laisse des enfants ou descendants. — C'est le cas prévu par le deuxième alinéa de l'article 1094 : « Il pourra, dit cet article, donner à l'autre » époux, ou un quart en propriété et un quart en usufruit, ou la » moitié de tous ses biens en usufruit seulement. » Cette disposition est extrêmement remarquable, en ce sens qu'elle fait à l'époux une situation toute particulière : il est plus avantagé qu'un étranger, quand il laisse plus de deux enfants ; il l'est moins, s'il n'en laisse qu'un seul ; et dans le cas où il y en a deux, sa position est également plus favorable si, eu égard à son âge, le quart en usufruit dont il est gratifié est supérieur en valeur à $(\frac{1}{3} - \frac{1}{4})$ ou $\frac{1}{12}$ en propriété. Une semblable combinaison n'est-elle pas bien étrange ?

370. On peut faire à cette objection une double réponse :

371. 1° Rationnellement le système établi par l'article 1094, s'explique très-bien ; nous savons en effet que le problème que le législateur avait à résoudre était de trouver un taux déterminé qui tint la balance égale entre les devoirs de l'affection conjugale et ceux de l'amour paternel ; ce taux devait être fixe quelque fut d'ailleurs le nombre des enfants à la différence de ce qui existe pour la quotité disponible ordinaire ; qu'importe en effet que le disposant laisse une postérité plus ou moins nombreuse : « les besoins personnels de l'époux survivant » n'en sont ni plus grands ni moindres. »

372. 2° L'historique de l'art. 1094 vient encore jeter le plus grand jour sur la question. Cet article, en effet, se trouvait déjà dans le projet Jacqueminot de l'an VIII ; il était conçu identiquement dans les mêmes termes, sauf une différence insigni-

fiante de rédaction consistant dans l'emploi du mot « peut » au lieu de « pourra » ; il formait l'article 151 au titre des donations entre vifs et à cause de mort. L'article 16 du même projet déterminait le taux de la quotité disponible de droit commun ; elle variait suivant la qualité des réservataires, mais elle était toujours la même, quelque fut le nombre des enfants ; dans ce dernier cas elle était uniformément fixée à un quart en propriété. L'art. 17 ajoutait que le chiffre du disponible en usufruit ne pouvait excéder celui du disponible en propriété. Le projet du gouvernement de l'an VIII, reproduisit presque textuellement ces dispositions dans ses articles 16, 17 et 156 ; la seule modification qu'il y apporta fut de restreindre le nombre des collatéraux réservataires. Il résulte de là qu'à ce moment la quotité disponible était la même entre époux et entre étrangers ; seulement les conjoints pouvaient de plus se donner réciproquement un quart en usufruit, s'ils laissaient des descendants ou l'usufruit de toute la réserve s'ils laissaient des ascendants, des frères et sœurs ou des enfants de frères et sœurs au premier degré. Plus tard, il est vrai, la réserve des collatéraux fut supprimée, et, sur la proposition du consul Cambacérès, le disponibls ordinaire fut étendu à un tiers pour le cas où le conjoint laisse deux enfants, à moitié quand il n'en laisse qu'un ; de plus l'art. 17 fut remplacé par un droit d'option donné aux réservataires, entre l'exécution complète de la disposition en usufruit, ou l'abandon intégral de la quotité disponible. Mais ces innovations, qui ne portaient que sur les art. 16 et 17 du projet, furent sans influence sur la matière des donations entre époux, ainsi que nous tâcherons de l'établir dans la suite ; ce qui est certain, c'est que l'art. 151, devenu l'article 156 du projet (art. 1094 actuel) passa sans aucune modification dans le code de 1804.

373. La doctrine que nous venons d'exposer fut pendant longtemps universellement admise, tous les auteurs étaient d'accord pour reconnaître que l'art. 1094 fixait un taux uniforme et invariable, et que par conséquent il était restrictif du

droit commun quand le disposant ne laissait qu'un seul enfant. Mais en 1841, un savant professeur de la Faculté de Toulouse, M. Benech, publia presque tout un volume pour démontrer que les rédacteurs du Code n'avoient jamais entendu traiter le conjoint moins favorablement qu'un étranger. Cette théorie nouvelle à l'appui de laquelle son auteur produisit un grand nombre d'arguments, et des plus sérieux, opéra, en quelque sorte, une révolution dans la science du droit ; elle fit fortune à l'école et trouva bientôt l'adhésion d'éminents jurisconsultes ; néanmoins toute la jurisprudence et une partie considérable dans la doctrine, résistent à cette nouvelle explication de l'art. 1094, et avec raison, à notre avis. Pour défendre sa thèse, M. Benech se fonde : 1° sur la philosophie du droit ; 2° sur le texte de la loi ; 3° sur les travaux préparatoires du Code.

374. 1° Comment comprendre, dit-on, que le législateur ait été assez inconséquent pour voir dans la qualité de conjoint, tantôt une cause de faveur, tantôt un cause de défiance ? Cela est inexplicable. Nous avons déjà répondu à cette objection en faisant remarquer que l'on a voulu empêcher que les époux fussent trop facilement entraînés à se faire des libéralités considérables au détriment des enfants, ce danger n'est certes pas à craindre quand il s'agit de dispositions au profit d'étrangers. « *Lex arctius prohibet quod facilius fieri putat* » dit M. Delvincourt, en reproduisant un passage de Vinnius (Inst. Liv. II, T. VIII.). C'est aussi ce qui résulte bien clairement de ces paroles de M. Bigot Préameneu : « Si l'époux laisse des enfants,
« son affection se partage entre eux et son épouse, et lors même
« qu'il se croit le plus assuré que l'autre époux survivant ferait
« de la totalité de sa fortune, l'emploi le plus utile aux enfants :
« les devoirs de la paternité sont personnels, et l'époux donateur y manquerait, s'il les confiait à un autre. » Quant à ces considérations tirées de ce que notre Code n'a établi au profit du conjoint survivant aucun gain de survie légal, qu'il ne lui a donné qu'un droit de succession presque dérisoire en ne l'appe-

lant qu'à défaut de parents légitimes et même de parents naturels, il n'y a qu'une réponse à faire, c'est que peu importe la
question de savoir si la loi française tient un compte suffisant
de l'affection conjugale dans la dévolution des successions *ab
intestat*, le texte de l'art. 1094 n'en subsiste pas moins avec
toute sa force. On peut même ajouter que ce dernier argument
se retourne contre ceux qui l'invoquent, car il est certain que
l'art. 767 n'a été voté que sous l'empire d'une erreur législa-
tive, une observation malheureuse de M. Treillard (1) a fait
croire que le Code donnait au survivant des époux « l'usufruit
du tiers des biens auxquels il ne succède pas en propriété; »
il y a eu là une confusion entre les dispositions de l'art. 767 et
celles de l'art. 754. Si donc le législateur a cru que les intérêts
du conjoint étaient sauvegardés, il n'avait pas les raisons que lui
prête M. Benech, pour entendre l'art 1094, d'une manière extensive.

375. 2° On invoque en second lieu le texte de la loi, et l'on
fait remarquer que l'art. 1094 dit : « l'époux pourra donner »
et non pas : « ne pourra donner que ; » cela prouve, dit-on,
que s'il y a un ou deux enfants, la quotité disponible entre
époux peut excéder le taux d'un quart en propriété et un quart
en usufruit. On ajoute que cette conséquence est d'autant plus
certaine que dans l'article 1098, ou le législateur voulait limiter
la faculté de disposer au profit du second époux, on trouve une
formule toute différente, conçue en des termes éminemment
restrictifs et qui font antithèse avec ceux de l'art. 1094. Seulement dans cette opinion l'art. 1099 devient particulièrement em-
barrassant, car il sert de sanction aux dispositions précédentes,
en déclarant « que les époux ne pourront se donner indirectement au-delà de ce qui leur est permis par les dispositions ci-

---

(1) Locré X, p. 25. — Fenet XII, p. 38.

dessus » faisant ainsi allusion aux art. 1094 et 1098. M. Benech (1) et M. Boutry (2) après lui ont répondu que l'art. 1099 n'a rien à faire dans la discussion, qu'il laisse précisément entière la question de savoir quelle est au juste la portée de l'art. 1094 ; l'invoquer ce serait faire une pétition de principes ; nous croyons que cette manière de voir n'est pas exacte, et sans nous associer à la critique qu'en a faite Marcadé dans une réfutation du système de M. Benech (3), nous pensons, avec M. Demolombe (4), que le rapprochement des articles 1094, 1098 et 1099 prouve que le législateur a, dans ce chapitre, prévu toutes les situations, aussi bien les avantages directs que les avantages indirects, le cas où il n'y a que des enfants communs et celui où il y a des enfants d'un précédent mariage, le cas enfin où le disposant ne laisse que des ascendants ou seulement des collatéraux ; tout est réglé d'avance ; comment croire alors à cette influence occulte qu'aurait exercée sur l'art. 1094 la modification apportée à l'art 913 (ancien art. 16 du projet), sur l'amendement de Cambacérès ? (Voir ci-dessus n° 372). Cela nous parait tout à fait impossible.

376. 3° Enfin c'est surtout dans l'étude des travaux préparatoires du code que se retranche M. Benech ; mais nous croyons que cette dernière ressource lui fait encore défaut. Le savant professeur fait remarquer que l'article 1094 n'a jamais varié, il est conçu dans les mêmes termes que l'art. 151 du projet Jacqueminot, et l'art. 156 du projet du gouvernement ; or, dans ces deux projets il constituait une disposition favorable au profit des époux, car il contenait une augmentation du disponible ordinaire d'un quart en usufruit ; cela n'est contesté par personne. S'il en est ainsi, les mêmes raisons qui faisaient préférer l'époux

(1) Quotité dispon. p. 187 et 188.
(2) Op. cit. n° 414.
(3) *Revue critique*, Année 1852, t. II, p. 849.
(4) Donat. VI, n° 800.

à un étranger, militaient avec autant de force pour qu'il profitât de l'extension donnée au disponible ordinaire sur la proposition de Cambacérès. Nous avons déjà répondu en raison à cette argumentation, mais M. Benech veut l'étayer en se fondant sur les paroles mêmes de M. Berlier au sein du Conseil d'Etat, lors de la discussion de l'art 1098. Cet article originairement (article 161 du projet du gouvernement devenu ensuite l'art. 176), fixait à une part d'enfant en usufruit, ce dont l'époux binube ayant des enfants d'un premier mariage, pouvait disposer au profit de son nouvel époux. Sur la demande de Cambacérès, cette quotité fut élevée à une part d'enfant en toute propriété, ce qui n'était que la reproduction de l'édit des secondes noces. C'est alors que M. Berlier observa : « qu'il était peut être con-« venable d'apporter une modification, car s'il n'y avait qu'un « enfant ou deux du premier mariage, et point du second, le « nouvel époux pourrait, en partageant avec eux, avoir la moi-« tié ou le tiers de la succession. » Voilà bien la preuve, dit M. Benech, que M. Berlier interprétait l'art. 1094 dans un sens extensif. Nous croyons que c'est accorder beaucoup trop d'importance à une objection qui n'avait certes pas dans la pensée de son auteur toute la portée qu'on veut bien lui donner ; nous n'admettons pas d'avantage la savante mais trop ingénieuse explication que M. Marcadé a donné des paroles de M. Berlier (1); il nous semble que la lecture attentive de la discussion au Conseil d'Etat suffit pour éclairer la question. Que se passa-t-il en effet ? M. Bigot Préameneu donne lecture du chapitre VIII (correspondant à notre chapitre IX du titre des donations) ; il est adopté en entier ; un seul article est discuté, c'est l'art. 176 (art. 1098 actuel), le second alinéa qui correspondait au deuxième chef de l'édit des secondes noces est supprimé ; reste le premier paragraphe qui permettait de donner au nouvel

---

(1) Sur l'art. 1094, n° 337 et *Revue crit.* 1852

époux une part d'enfant en usufruit, c'est-à-dire moitié s'il n'y a qu'un enfant, un tiers s'il y en a deux, et ainsi de suite ; Cambacérès propose de transformer en propriété cette part dont le conjoint ne pouvait, d'après le projet, disposer qu'en usufruit, et alors se présente tout naturellement cette observation de M. Berlier : qu'il est raisonnable de modifier l'article, car son interprétation littérale conduirait à accorder à l'époux binube le droit de disposer en faveur de son second conjoint, de moitié ou d'un tiers en toute propriété ; il conviendrait de limiter ce droit à une quotité d'un quart en propriété. Remarquons que ces paroles de M. Berlier s'expliquent sans peine dans l'opinion de ceux qui per ent que le disponible de l'art. 1094 est seulement d'un quart en propriété et d'un quart en usufruit ou moitié en usufruit seulement ; aussi est-ce à tort que M. Benech s'en approprie le bénéfice, quand elle peuvent avoir un sens tout différent de celui qu'il leur donne.

377. Il y a plus, nous trouvons dans les travaux préparatoires du Code la condamnation du système extensif que l'on voudrait faire prévaloir. Quand 'e projet du Conseil d'État fut communiqué officieusement au tribunat, celui-ci fit trois objections sur l'article 1094 ; il fit remarquer : 1° que cet article ne parlait que de dispositions entre vifs, quand il était certain qu'il s'appliquait également aux dispositions testamentaires ; 2° qu'il était plus exact de dire « au préjudice des ascendants, » au lieu de « au préjudice des héritiers ; » 3° enfin qu'il serait plus juste qu'un époux, dans le cas où il y aurait des enfants, pût donner à l'autre tout ce dont il pourrait disposer en propriété au profit d'un étranger, en un mot, le tribunat poprosait d'admettre la théorie de M. Benech, il présentait en outre une rédaction nouvelle de l'art. 1094, en harmonie avec les modifications projetées (1), mais cet article fut néanmoins conservé avec sa teneur primitive.

____

(1) Fenet, XII, p. 467.

378. Que faut-il induire de là? M. Benech pense que le Conseil d'État n'a vu dans toutes ces observations qu'une question de mots, et qu'au fond il entendait l'art. 1094 dans le sens de l'amendement proposé par le tribunat. Il nous semble que c'est précisément la seule explication qui ne soit pas acceptable. Le Conseil d'État a-t-il rejeté purement et simplement les réformes proposées par le tribunat, ou a-t-il omis de s'en occuper? Il est très-difficile de le savoir, cependant nous sommes plutôt disposé à admettre cette seconde alternative, car on ne voit pas pourquoi les deux premiers chefs de l'amendement, qui ne portaient que sur la rédaction de l'art. 1094, auraient été écartés. Mais, ce qui est certain, c'est que désormais le tribunat accepta l'interprétation restrictive de l'art. 1094 ; cela résulte des paroles du tribun Jaubert (1) lors de la communication officielle « s'il » reste des enfants du mariage, l'époux ne peut avoir que le » quart en propriété et un autre quart en usufruit, ou la moitié » en usufruit seulement ; si la disposition avait excédé ces » bornes elle serait réduite. » Devant le Corps législatif, l'orateur du Gouvernement, M. Bigot Préameneu s'exprima dans des termes équivalents (2) et non moins formels : « il (l'époux donateur) ne pourra laisser à l'autre époux que..... la quotité fixée à un quart des biens en propriété, etc... » Ces citations suffisent, il nous semble, pour détruire complètement les conséquences fort contestables d'ailleurs, que M. Benech tire de l'observation de M. Berlier ; et nous croyons plus fermement que jamais qu'il faut s'en tenir au texte de l'art. 1094, sans chercher à l'étendre.

379. Ajoutons, en terminant cette discussion, que nous sommes peu touché d'un argument tiré par M. Boutry, du rapport fait au tribunat par le tribun Duveyrier sur le titre du contrat de mariage ; il a été dit en effet que : « la défense faite

----

(1) Fenet. XII, p. 621.
(2) Fenet. XII, p. 572.

» par les coutumes aux époux de s'avantager entre eux n'existe
» plus; un mari peut donner à sa femme, une femme à son
» mari, comme à une autre personne, la quotité disponible de
» ses biens. » Mais M. Marcadé (1) a fort bien répondu en faisant remarquer que ces paroles n'ont pas du tout le sens qu'on
leur attribue; M. Duveyrier rappelait que la défense faite par
les coutumes aux époux de s'avantager entre eux, n'existait
plus, et en ajoutant pour préciser sa pensée que les conjoints
pouvaient se donner réciproquement comme toute autre personne, il n'entendait nullement traiter une question de *quantum*, ces mots « comme à toute autre personne, » n'étaient
pas dans son esprit synonymes de « autant qu'à toute autre
personne. »

380. Maintenant que nous avons cherché à établir que le
disponible entre époux est invariablement fixé à un quart en
propriété et un quart en usufruit, ou moitié en usufruit seulement, quel que soit le nombre des enfants, demandons-nous
quelle est la raison de cette alternative qui paraît étrange entre
deux quotités dont l'une est supérieure à l'autre ! Cela s'explique historiquement. Nous savons en effet que dans le projet
Jacqueminot, et ensuite dans celui de la Commission du Gouvernement, la quotité disponible ordinaire était la même en
propriété et en usufruit (un quart si le disposant laissait des
enfants); mais par faveur pour les libéralités entre époux, on
avait augmenté le disponible d'un quart en usufruit, ce qui
donnait un quart en propriété et un quart en usufruit, ou moitié en usufruit. Telle était la décision des art. 151 et 156 des
projets sus-mentionnés; ils passèrent sans modification dans
notre Code actuel, tandis que le disponible ordinaire subissait
au contraire des changements notables. Cette remarque est
importante, car il en résulte que les époux seuls ont droit de
profiter de cet excédant en usufruit, quand ils concourent avec

____

(1) *Revue crit.*, 1852.

des étrangers, tandis que le quart restant (en propriété ou en usufruit) doit être imputé sur le disponible ordinaire avec lequel il se confondait à l'origine, et qui, du reste, n'a été étendu depuis que pour le cas où le disposant ne laisse qu'un ou deux enfants.

381. De ce qui précède, tirons tout de suite cette conséquence, que jamais l'art 917 ne doit être appliqué aux donations entre époux. Nous venons de voir en effet que pour ces dernières libéralités, le législateur a conservé l'ancien principe (art. 17 du projet de l'an VIII) qui assimilait le disponible en usufruit au disponible en propriété. Il est clair que M. Benech et ses partisans ne peuvent accepter cette opinion; pour eux, les art. 913 et 917 dominent toute la matière, et c'est à tort que l'on voudrait admettre une règle spéciale pour le cas de l'art. 1094.

382. Nous pensons aussi que l'art. 1094 régit seul l'hypothèse où l'époux aurait fait à son conjoint donation d'une rente viagère, et nous nous fondons pour le décider ainsi sur ce même article 17 du projet de l'an VIII, qui résolvait formellement la question dans ce sens; du reste, indépendamment de cet argument de texte, on comprend facilement que le procédé introduit par l'art. 917 est tout à fait déplacé quand il s'agit de libéralités entre époux; ces dernières, le plus souvent, ne sont que l'exécution de l'obligation de secours dont les conjoints sont tenus réciproquement; elles participent au fond de la nature des pensions alimentaires, les transformer en donations de propriété, ce serait méconnaître l'intention du disposant et faire passer dans le patrimoine du donataire des biens que son époux avait entendu conserver à ses enfants.

383. Si l'époux avait dit : « Je donne ou je lègue à mon conjoint un quart en propriété et un quart en usufruit, ou moitié en usufruit seulement, » à qui, des héritiers ou du conjoint, appartiendrait le choix? C'est là un point que les tribunaux auraient à décider en fait, et, à défaut d'éléments, on applique-

rait ce principe formulé dans l'article 1162, que le choix appartient au débiteur, c'est-à-dire aux réservataires, dans notre hypothèse.

384. Nous accorderions, au contraire, l'option au donataire, si l'époux avait disposé en ces termes : « Je donne ou lègue à mon conjoint tout ce dont la loi me permet de disposer en sa faveur. » Formule, en effet, beaucoup plus large que la précédente et conçue uniquement en vue du donataire.

385. Quand le conjoint reçoit ainsi l'usufruit d'un quart de la réserve (s'il y a plus de deux enfants), ou de toute la réserve des ascendants (s'il n'y a pas d'enfants), peut-il être dispensé par le donateur de l'obligation de fournir caution ? Nous répondrons négativement. En effet, si l'article 601 permet, en principe, d'insérer une pareille clause dans l'acte de constitution de l'usufruit, c'est parce que le disposant aurait pu priver ses héritiers de la toute propriété du bien aliéné; or, qui peut le plus, peut le moins. Ici, au contraire, il s'agit d'un droit d'usufruit pris sur la réserve ordinaire des enfants ou des ascendants; par conséquent, le motif de l'article 601 fait complètement défaut, *cessante causâ, cessat effectus.* A l'inverse, nous n'hésitons pas à décider que la dispense de fournir caution serait parfaitement valable pour toute la partie du droit d'usufruit qui est prise sur le disponible ordinaire; sur ce point, il ne saurait y avoir difficulté.

SECTION II. — Quotité disponible entre époux, quand le donateur a des enfants d'un précédent mariage.

386. La position toute particulière de l'époux veuf ayant des enfants, et qui contracte ensuite une nouvelle union, a excité depuis longtemps l'attention du législateur; trop souvent l'expérience a démontré que les seconds mariages sont une source de discordes dans les familles, et que les enfants du premier lit en sont toujours les premières victimes; aussi la loi, qui prend

en main la protection des faibles et des incapables, ne pouvait s'abstenir de réglementer une semblable situation. Nous connaissons les sages dispositions des constitutions *Fœminæ quæ, generaliter, hâc edictali*; nous savons qu'après avoir été longtemps appliquées dans nos pays de droit écrit, elles sont devenues, grâce à l'initiative du chancelier L'Hopital, le droit commun de France; les rédacteurs du Code Napoléon, à leur tour, ont adopté sur ce point les traditions du droit romain et de l'ancien droit, momentanément interrompues par les lois de la période révolutionnaire; et l'article 1098 n'est guère que le résumé un peu modifié de la constitution *hâc edictali* et du premier chef de l'édit des secondes noces (*a*).

387. Cet article, du reste, dans le projet de la commission du Gouvernement comme dans le projet Jacqueminot, contenait deux alinéas correspondant à chacun des deux chefs de l'édit; mais le Conseil d'Etat, sur une objection de M. Treilhard, supprima le second alinéa, qui était peu en harmonie avec l'esprit du nouveau Code; quant au premier, il ne permettait de disposer, au profit du nouvel époux, que d'une part d'enfant le moins prenant, en usufruit seulement. Nous avons vu plus haut comment ce disponible, par suite d'un amendement de Cambacérès et d'une observation de M. Berlier, fut porté à une part d'enfant en propriété, sans pouvoir excéder le quart des biens.

388. Nous allons maintenant aborder le commentaire détaillé de l'article 1098.

(a) Il est même remarquable que tous les divers projets de Code reproduisaient les dispositions de la loi *Hâc edictali*; seulement, ils n'autorisaient que les libéralités en usufruit (1er projet de Cambacérès, L. 1er, t. III, § 5, art. 28. — 2e projet de Cambacérès, liv. 1er, t. VI, art. 50. - 3e projet de Cambacérès, art. 321. — Projet Jacqueminot, art. 156, — Projet de la Commission du Gouvernement, art. 161 du titre IX.

1. — Du quantum de la quotité disponible en faveur du nouvel époux.

389. Voici le texte de la loi, article 1098 : « L'homme ou la
» femme qui, ayant des enfants d'un autre lit, contractera un
» second ou subséquent mariage, ne pourra donner à son nou-
» vel époux qu'une part d'enfant légitime le moins prenant, et
» sans que, dans aucun cas, ces donations puissent excéder le
» quart des biens. »

390. Pour qu'il y ait lieu à l'application de l'article 1098,
deux conditions sont donc indispensables :

1° Que l'époux donateur soit un veuf remarié ;

2° Qu'il laisse, au jour de son décès, des enfants d'un précédent mariage. Nous disons : « au jour de son décès, » car il
est certain qu'il s'agit ici d'une question de disponibilité et non
d'une question de capacité, bien que les termes de l'art. 1098
semblent indiquer le contraire ; nous ne saurions voir là non
plus une peine contre ceux qui contractent un second ou subséquent mariage ; on l'a soutenu longtemps dans l'ancien droit,
mais dans un remarquable plaidoyer, d'Aguesseau fit justice de
cette fausse théorie (voir ci-dessus, n° 251), en démontrant
qu'il ne s'agissait que d'une disposition protectrice pour les
enfants du premier lit.

391. Par enfants d'un autre lit, il faut entendre même les
petits-enfants venant, par représentation, de leur auteur prédécédé ; de plus, ces expressions ne peuvent s'appliquer qu'aux
enfants légitimes, par suite, aux enfants légitimés (art. 333).
Doit-on les étendre aux enfants adoptifs ? Nous le pensons, bien
que les termes de la loi ne paraissent pas très-favorables à
notre opinion ; il nous semble que son esprit et les dispositions
formelles de l'article 350 commandent cette solution.

392. Pour déterminer le *quantum* du disponible exceptionnel
de l'article 1098, il faut tenir compte de trois éléments que
nous allons étudier successivement.

393. 1° Le second époux ne peut recevoir au-delà d'une part d'enfant. — Pour fixer le montant de cette part, il faut compter, non-seulement les enfants du premier lit, mais encore ceux du second ; nous savons, en effet, que l'article 1098 établit une règle de disponibilité ; mais doit-on compter les enfants renonçants, incapables ou indignes ? Nous répondrons négativement, car il s'agit ici d'une véritable réserve en faveur des enfants du premier lit ; or, comme nous ne voyons dans la réserve qu'une partie de l'hérédité *ab intestat,* et non un droit inhérent à la qualité de successible, il nous est impossible d'assigner aucun rôle, dans le calcul de cette réserve, à des personnes qui ne viennent pas à la succession. Il est vrai que dans l'ancien droit, on décidait le contraire pour l'enfant omis ou exhérédé, mais aujourd'hui, nous ne pouvons adopter la même solution.

394. S'il y a des enfants nés d'un enfant prédécédé, la part de l'époux se calculerait sur celle qui est dévolue à chaque souche (art. 914) ; mais il pourrait se faire qu'il ne restât que des petits enfants appartenant tous à la même souche, et par conséquent, venant à la succession par tête ; dans ce cas encore, il ne faudrait les compter tous ensemble que pour une seule part ; la perte qu'ils ont éprouvée dans la personne de leur auteur, ou la renonciation de ce dernier, ne saurait être pour eux la source d'un droit, et pour le conjoint une cause de déchéance ; d'ailleurs, c'est une part d'enfant, et non de petit-enfant, qui doit être attribuée à l'époux donataire. On interprétait autrefois dans un sens opposé l'édit des secondes noces, mais nous avons vu (ci-dessus, n° 226) que cela tenait à certaines expressions ambiguës, qui ne se retrouvent plus dans le texte de l'article 1098. Si, au jour du décès du donateur, il ne restait que des enfants du second lit, c'est l'article 1094, et non l'article 1098, qui serait applicable.

395. Il arrive souvent que le disposant, au lieu de gratifier son conjoint d'une somme ou d'un objet déterminé, lui donne une part d'enfant ; il y a là certainement une donation de biens

à venir parfaitement valable et soumise à toutes les règles que nous avons exposées plus haut pour ce genre de libéralité; aussi, les enfants à naître ne sont jamais et ne peuvent être substitués vulgairement (art. 1098); il y a donc caducité si le donataire prédécède.

396. 2° Le second époux ne peut recevoir au-delà d'une part d'enfant légitime le moins prenant. — Il faut supposer que le donateur a fait à l'un ou à plusieurs de ses enfants des avantages préciputaires, c'est seulement sur les biens restants que se calcule la part du conjoint. Nous ne parlons que de libéralités préciputaires, car s'il s'agissait de donations en avancement d'hoirie, le second époux pourrait, non pas exiger le rapport réel, droit qui n'appartient qu'aux héritiers (art. 857), mais invoquer le rapport fictif établi par l'art. 922, dans le but de déterminer le montant de la quotité disponible; aussi, c'est seulement sur les biens existant dans la masse héréditaire, au jour du décès du donateur, que le conjoint survivant peut demander l'acquittement des libéralités qui lui ont été faites. Il est certain, d'un autre côté, que les enfants donataires en avancement d'hoirie, doivent commencer par imputer sur leur réserve ce dont ils ont été gratifiés par leur auteur. Notre solution s'applique, non-seulement au cas où l'époux a reçu des libéralités à titre particulier, mais même quand la donation est d'une part d'enfant; c'est en vain que l'on voudrait soutenir, dans cette hypothèse, que l'époux doit être complétement assimilé à un enfant, et qu'il a droit comme tel au rapport réel.

397. L'inégalité entre les enfants peut encore provenir d'avantages faits à des tiers, nous en parlerons plus loin.

398. Si l'un des enfants néglige de faire compléter sa légitime, cela ne doit pas nuire au conjoint, qui peut toujours réclamer une part égale à celle qu'aurait dû avoir l'enfant le moins prenant. Cette hypothèse, qui aujourd'hui se présentera rarement, était au contraire fréquente dans l'ancien droit, qui permettait aux filles de renoncer d'avance à la succession de leurs parents,

quand ceux-ci leur constituaient une dot dans leur contrat de mariage.

399. 3° Les libéralités faites au second conjoint ne peuvent excéder le quart des biens du disposant. — Nous savons que c'est là une innovation. L'édit des secondes noces ne limitait pas ainsi le droit de l'époux donateur; mais la présence, dans notre Code, de l'art. 1094, qui ne permet de disposer au profit du premier conjoint, que d'un quart en propriété et d'un quart en usufruit, nécessitait une semblable restriction; il eût été illogique, en effet, que la quotité disponible de l'art. 1098 pût, dans certains cas, excéder celle de l'art. 1094.

400. Quand un époux a contracté plusieurs mariages successifs, qu'a-t-il pu donner à chacun de ses conjoints? Trois solutions sont en présence : a-t-il pu donner à chacun une part d'enfant le moins prenant jusqu'à concurrence du disponible ordinaire, ou jusqu'à concurrence seulement d'un quart, ou une part d'enfant à tous cumulativement, sans pouvoir excéder un quart? Nous admettons le dernier système, il est conforme à la tradition (Pothier, n° 566, Contrat de mar.), et nous paraît aussi reproduire exactement l'intention des rédacteurs du Code; il est vrai que les deux autres opinions se fondent sur ce que l'art. 1098 dit : « à son nouvel époux, » et non pas, comme l'édit des secondes noces: « à leurs nouveaux maris, » ce qui semble indiquer que l'on pourrait donner à chacun isolément une part d'enfant; mais on fait remarquer avec raison que dans le cas de plusieurs convols successifs, les enfants du premier lit ne doivent pas être moins protégés que s'il n'y en avait eu qu'un seul; or, c'est précisément ce qui arriverait si l'on adoptait l'un ou l'autre des deux premiers systèmes.

401. Si l'époux binube avait fait antérieurement au convol une donation à son nouvel époux, les juges auraient à apprécier si elle a eu lieu ou non en vue du mariage projeté; dans le premier cas, elle serait imputable sur la quotité disponible de l'art. 1098, et dans le second, sur la quotité disponible or-

dinaire ; les réservataires seraient du reste admis à prouver, par tous les moyens, qu'il y avait déjà des projets de mariage au moment de la passation de l'acte de donation.

402. On s'est demandé quel serait l'effet d'une donation de part d'enfant, si le disposant au jour de son décès ne laissait pas d'enfants ou de descendants, ou s'ils renonçaient tous à sa succession. Nous pensons que l'époux n'aurait droit qu'à un quart de l'hérédité ; c'est-à-dire, au maximum du disponible de l'article 1098 ; c'est là une interprétation de l'intention probable du donateur ; la même raison nous a conduit à décider dans l'ancien droit (ci-dessus, n° 233) que la part d'enfant dans ce cas devrait être considérée comme égale à la moitié de la succession ; cette différence de solution tient précisément à la différence des deux législations.

II. — Avantages sujets à la réduction de l'art 1098.

403. L'article 1098 s'applique à toute espèce de libéralités entre époux, aux avantages directs ou indirects, entre vifs ou testamentaires, par contrat de mariage ou pendant le mariage ; à ce point de vue, il doit être entendu d'une manière extrêmement large. Il y a plus, la loi pour protéger efficacement les enfants des précédents mariages, a apporté aux principes ordinaires une importante dérogation. On sait en effet que le Code considère, comme des avantages à titre onéreux, ceux qui résultent pour les époux du règlement de leurs intérêts matrimoniaux : il y voit en quelque sorte des conventions entre associés (art. 854). Cela ne peut présenter aucun inconvénient pour les enfants communs, qui recueilleront toujours dans la succession de l'époux donataire ce qu'ils n'ont pas trouvé dans la succession du donateur ; mais quand il s'agit de secondes noces, il eut été dangereux d'envisager ainsi les clauses du contrat de mariage ; on eut fourni aux futurs conjoints un moyen trop facile de se soustraire aux dispositions de l'art. 1098 ; aussi les

art. 1496 et 1527 ont-ils prévu et réglementé cette situation. Déjà dans notre ancienne jurisprudence on interprétait, d'une manière extrèmement large, les termes de l'édit de 1560, et notre droit moderne n'a fait que consacrer les idées reçues depuis longtemps.

404. L'art. 1496 prévoit le cas ou les époux sont mariés sous le régime de la communauté légale; l'art. 1527 s'applique au contraire à la communauté conventionnelle; ils sont ainsi conçus : art. 1496 : « Si toutefois la confusion du mobilier et des dettes opérait au profit de l'un des époux un avantage supérieur à celui qui est autorisé par l'art. 1098 au titre des donations entre vifs et des testaments, les enfants du premier lit de l'autre époux auront l'action en retranchement; » art. 1527 : « Néanmoins dans le cas où il y aurait des enfants d'un précédent mariage, toute convention, qui tendrait dans ses effets à donner à l'un des époux au-delà de la portion réglée par l'art. 1098 au titre des donations et des testaments, sera sans effet pour tout l'excédant de cette portion, mais, etc... »

405. On peut se demander pourquoi le législateur a consacré deux articles distincts à une règle qui s'étend à la fois à la communauté légale et à la communauté conventionnelle; mais cela s'explique, parce que autrefois on discutait la question de savoir si l'édit des secondes noces était applicable dans le cas où les époux, n'ayant pas fait de contrat de mariage, se trouvaient soumis au régime de la communauté légale (1); le Code Napoléon a voulu mettre fin à cette controverse en donnant une décision spéciale pour cette hypothèse.

406. Quoiqu'il en soit, le principe général est posé dans l'art. 1527, en ces termes : « toute convention qui, dans ses

____

(1) Voir Pothier, *Contr. de mar.* (n° 581 où la question est parfaitement traitée ; Pothier y démontre que la communauté légale est fondée sur une interprétation tacite de la volonté des contractants et non sur une décision de la loi qui s'imposerait aux parties).

effets, etc...; » il résulte de là, en effet, et c'est le point culmi-
nant de cette théorie, que pour savoir s'il y a lieu d'appliquer
les dispositions de l'art. 1098, il n'est pas nécessaire de se demander si les époux ont ou non entendu se faire des libéralités;
on ne s'occupe que du résultat final; on ne considère pas non
plus isolément chaque clause du contrat de mariage, mais bien
l'avantage qu'a retiré en définitive le second époux de la combinaison des diverses stipulations contenues dans le contrat.

407. Aussi, en matière de communauté légale, on recher-
chera, nous dit l'art. 1496, si la confusion du mobilier et des
dettes ne constitue pas au profit du second époux un avantage
excédant le taux fixé par l'art. 1098. Supposons, par exemple,
que le mari qui convole à un second mariage a une fortune mobilière de 100,000 fr., la femme une fortune exclusivement
immobilière de 100,000 fr. et 20,000 fr. de dettes mobilières;
les 100,000 fr. d'actif du mari et les 20,000 fr. du passif de la
femme tomberont seuls en communauté, ce qui fera en tout
80,000 fr. net, dont moitié pour le mari ou 40,000 fr. La
femme aura donc profité de 60,000 fr. pris sur le patrimoine
du mari; et, par conséquent, il y aura lieu à réduction, quel
que soit d'ailleurs, dans cette hypothèse, le nombre des enfants
survivants.

408. Ce que nous venons de dire ne s'applique pas seulement
au mobilier présent, mais même à celui qui surviendrait plus
tard aux époux, par successions ou donations. Si nous faisons
cette observation, c'est parce que nos anciens auteurs (Pothier
contr. de mar. nᵒ 553) décidaient le contraire, en se fondant
sur ce qu'il y a là au début une chance à courir pour les deux
époux, et en quelque sorte une égalité d'espérances ; mais pour
nous qui ne tenons compte que du résultat final, cette raison
n'a aucune valeur.

409. Quant aux clauses particulières de la communauté conventionnelle, qui peuvent constituer des avantages soumis à la
réduction de l'art. 1098, elles sont susceptibles de varier à l'in-

fini. Voici celles qui se rencontrent le plus souvent : l'époux remarié a ameubli un ou plusieurs de ses meubles, il a stipulé qu'il prendrait dans la communauté une part moindre que la moitié, ou bien à l'inverse c'est le second conjoint qui a réalisé une partie de son mobilier, ou stipulé une part de communauté supérieure à la moitié.

410. Le préciput conventionnel donnerait lieu aussi à l'application de l'art. 1098 (argument *a fortiori* de l'art, 1525), sans qu'il y eût à distinguer, entre le préciput ordinaire et celui que la femme a droit de se réserver pour le cas de renonciation à la communauté (art. 1515). Il est même à remarquer que c'est probablement au n° 442 du traité de la communauté de Pothier qu'a été emprunté notre art. 1516 ; or, il est dit précisément dans ce passage, que le préciput conventionnel tombe sous le coup du premier chef de l'édit de secondes noces. De même dans le cas de forfait de communauté on rechercherait, pour savoir s'il y a lieu à réduction, quelle eût été la valeur de la part de communauté à laquelle l'époux aurait eu droit s'il n'avait pas fait cette stipulation.

411. L'art. 1527 *in fine*, apporte aux règles ci-dessus la restriction suivante : « les simples bénéfices résultant des travaux communs et des économies faites sur les revenus respectifs quoique inégaux des deux époux ne sont pas considérés comme un avantage fait au préjudice des enfants du premier lit. » Les revenus en effet sont affectés aux charges du ménage, et chacun des conjoints doit y subvenir en proportion de sa fortune personnelle. Il faudrait bien se garder de tirer de là cette conséquence, que si un époux a stipulé qu'il aurait droit, en cas de survie, à toute la communauté, sauf aux héritiers de son conjoint à opérer la reprise des apports de leur auteur (article 1525), une semblable convention ne serait pas sujette à la réduction, sous prétexte que les biens appréhendés par le stipulant ne sont autres que la somme des économies faites par les époux pendant la durée du mariage ; ce serait abuser du

texte de l'art. 1527, qui suppose virtuellement que les économies doivent être partagées entre les conjoints, et ne fait nullement allusion à l'hypothèse qui nous occupe (Cass. 3 décembre 1861).

III. — De la réduction, par qui et au profit de qui elle peut être demandée.

412. Nous allons supposer que le disponible de l'art. 1098 a été dépassé, et nous demander quelles personnes peuvent se prévaloir de cette circonstance pour faire réduire au taux légal les libéralités faites au nouvel époux. Ici, comme en matière de donations ordinaires, la règle est écrite dans l'art 921 ; les réservataires seuls, c'est-à-dire les enfants du premier lit ont donc le droit de s'en prévaloir ; eux seuls en effet ont été lésés dans leur légitime attente.

413. L'action en réduction une fois intentée, il est certain que les enfants du second mariage doivent en profiter ; la réduction en effet a pour objet de faire rentrer dans la succession *ab intestat* les biens retranchés ; or, c'est un principe fondamental dans notre Droit moderne que tous les enfants d'un même auteur viennent également à sa succession, lors même qu'ils appartiendraient à des lits différents (art. 745). Tout le monde est aujourd'hui d'accord sur ce point ; autrefois au contraire, il y avait divergence entre les parlements des pays de Droit écrit et ceux des pays de Droit coutumier ; dans les premiers on appliquait la novelle 22, ch. 27 qui faisait profiter exclusivement du retranchement les enfants du premier lit, tandis que dans le Nord on observait les dispositions plus équitables de la loi *quonium*.

414. Mais ce qui fait encore aujourd'hui grave difficulté, c'est de savoir si, dans le cas d'inaction des enfants du premier lit, ceux du second lit peuvent demander la réduction. Assurément ce n'est pas dans la personne de ces derniers que l'action

prend naissance, ni dans leur intérêt qu'elle a été créée ; cela est tellement vrai que si tous les enfants du premier lit sont prédécédés ou renonçants, l'art. 1098 ne s'applique plus ; aussi beaucoup d'auteurs se refusent-ils à accorder aux enfants du second lit l'action en retranchement ; chacun, disent-ils, est libre de renoncer à ses droits pourvu qu'il ne le fasse pas en fraude de ses créanciers ; ils se fondent aussi sur les termes de l'art. 1496, qui parle uniquement des enfants du premier lit. Bien que cette opinion paraisse assez conforme aux principes, nous ne saurions cependant l'admettre ; il nous semble qu'elle ne tient pas compte suffisamment de l'égalité de situation qui doit exister entre les enfants des deux lits ; certainement l'action en réduction s'ouvre exclusivement sur la tête des enfants du premier lit, mais comme le bénéfice en doit être partagé entre tous, et que l'on ne peut contester que les enfants du second lit aient intérêt à l'exercer, nous croyons que c'est arbitrairement que ce droit leur serait refusé. D'ailleurs c'était déjà la doctrine qui avait cours autrefois, et Pothier (cont. de mar., n° 567) invoque à cette occasion cette maxime : « *non est novum in jure ut quod quis ex personâ suâ non habet, ex personâ alterius habeat.* » Quant au donateur, il ne peut jamais intenter l'action en réduction ; cela ne peut faire l'objet d'aucun doute ; c'est l'application pure et simple des principes ordinaires.

415. Lorsque le second conjoint a reçu une libéralité excessive, il se présente la question de savoir s'il a le droit de partager avec les enfants du donateur la portion retranchée. C'est un point que nous avons déjà examiné à propos de l'édit des secondes noces (ci-dessus, n° 231) ; nous avons admis l'affirmative ; nous croyons que c'est encore la solution qu'il faut adopter dans notre droit ; cependant cette opinion a trouvé des contradicteurs ; on a prétendu que le nouvel époux, étant donataire ou légataire, ne peut profiter de la réduction (art. 921) ; mais c'est là un malentendu ; le nouvel époux ne demande pas

à profiter de la réduction; il soutient seulement que, pour le calcul de sa part, il faut rapporter fictivement à la masse ce qu'il a reçu, et diviser le tout entre lui et les enfants; car en vertu de l'art. 1098, il doit être aussi bien traité que l'enfant le moins prenant; une telle prétention n'a rien que de légitime; elle repose sur un raisonnement analogue à celui que fait le second conjoint quand pour déterminer le montant de ses droits, il invoque contre les enfants donataires en avancement d'hoirie le rapport fictif établi par l'art. 922; ces deux théories se touchent et ne peuvent être isolées l'une de l'autre. On ne saurait d'ailleurs argumenter des précédents, car si dans les pays de droit écrit on donnait une décision contraire à la nôtre, c'est que telle était la disposition expresse de la novelle 22, ch. 27; d'un autre côté, dans les pays de droit coutumier, il y avait désaccord entre les auteurs; reste donc le texte de l'art. 1098 qui nous paraît inconciliable avec l'opinion que nous repoussons.

416. Jusqu'à présent, nous avons toujours supposé que le nouvel époux se trouvait en concurrence seulement avec les enfants du premier et du second lit; nous allons maintenant faire intervenir des donataires ou légataires étrangers, ou ce qui est la même chose des enfants qui ont reçu du disposant des avantages préciputaires. Comment s'opérera la réduction? Il faut distinguer deux hypothèses :

1re *Hypothèse.* — 417. Les libéralités n'ont pas la même date. Ce sont, par exemple, des donations faites à des époques différentes ou des donations en concours avec des legs; on appliquera en pareil cas la règle posée dans l'art. 923, c'est-à-dire que la réduction aura lieu par ordre de date en commençant par la dernière libéralité. Mais si la première donation a été faite au profit de l'époux et qu'elle excède la quotité disponible spéciale de l'art. 1098, le donataire postérieur qui a reçu ensuite la différence entre le disponible spécial et le disponible ordinaire pourra renvoyer l'enfant réservataire exercer la réduction coutre l'époux, c'est là un point certain. Ainsi Pierre a donné d'abord à sa seconde femme 50,000 fr., plus tard à un tiers 25,000 fr., il meurt laissant une succession de 100,000 fr. et un enfant du premier lit, le disponible ordinaire est de 50,000 fr., il a été excédé; il y a donc lieu à réduction, mais l'excès tient uniquement à ce que le conjoint a reçu plus que le quart en propriété formant le maximum de son disponible; si donc le second donataire est attaqué en réduction, il aura le droit de dire à l'enfant : « Adressez-vous à l'époux, lui seul doit vous fournir le complément de votre réserve. »

418. Si, au lieu d'une donation, la seconde libéralité eût été un legs, le légataire pourrait-il tenir le même langage? La difficulté vient de ce que le légataire ne retient pas comme le second donataire par voie d'exception ce dont il a été gratifié; il est obligé d'invoquer à son profit la réduction contre le donataire antérieur, et ce droit ne lui appartient certainement pas (art. 921). Cependant si, dans la succession, il y a des biens extants, le légataire pourra demander au réservataire l'exécution de son legs jusqu'à concurrence du montant de ces biens; et si ce dernier objecte que sa réserve n'est plus complète, le légataire lui répondra : « Exercez la réduction contre l'époux, ce n'est pas à mon détriment que vous devez vous remplir de votre réserve; » en raisonnant ainsi le légataire ne demande nullement à profiter de la réduction, il prétend seulement qu'il ne doit pas la subir (1).

2e *Hypothèse.* — 419. Les libéralités ont même date. — Ce sont, par exemple, des legs contenus dans le même testament ou dans des testaments différents, ou ce sont des donations faites par le même acte au profit de plusieurs personnes. Alors la réduction se fait au marc le franc (art. 926). Si la libéralité faite au conjoint a dépassé les limites du disponible de l'arti-

---

(1) M. Demolombe, Donat., t. II nos 214 et suiv. — M. Vernet, quotité disponible, p. 469 à 470.

cle 1098, il y a lieu à une première réduction. Si cette opération une fois effectuée, le disponible ordinaire est encore excédé, alors on procède à une seconde réduction sur l'ensemble, laquelle doit s'effectuer d'après le plus faible disponible. Pour nous faire mieux comprendre, nous allons prendre un exemple : un époux a légué à son second conjoint 30,000 fr., à Primus 22,500 fr. et à Secundus 15,000 fr. ; il meurt, laissant une fortune de 120,000 fr. et quatre enfants. Le disponible ordinaire est un quart ou 30,000 fr., et le disponible entre époux, une part d'enfant, c'est-à-dire un cinquième ou 24,000 fr. Nous réduisons d'abord à ce dernier chiffre le legs fait au second conjoint, et dans la même proportion ceux faits à Primus et à Secundus, car on doit supposer que le disposant s'est trompé (1) sur le chiffre réel de sa fortune et maintenir aux différents legs leurs valeurs relatives, le legs de Primus sera ainsi réduit à 18,000 fr., et celui de Secundus à 12,000 fr. ; or, sur le montant du disponible entre époux doivent concourir à la fois le conjoint, Primus et Secundus, tandis que ces deux derniers concourront seuls sur la différence entre les deux disponibles ; mais pour que la réduction sur le plus faible disponible ait lieu en réalité au marc le franc, il faut momentanément diminuer le chiffre des legs faits à Primus et à Secundus dans le rapport du disponible entre époux (24,000 fr.) au disponible ordinaire (30,000 fr.), c'est-à-dire dans le rapport de $\frac{4}{5}$; ce qui donne, tous calculs faits, 14,400 fr. pour Primus, et 9,600 fr. pour Secundus ; partageant ensuite le disponible entre époux (24,000 fr.) en parties proportionnelles à 24,000, 14,400 et 9,600, on obtient 12,000, 7,200 et 4,800 ; la part du second conjoint sera donc définiti-

---

(1) Si, au lieu d'avoir légué 30,000 fr. à son second époux, le disposant lui avait légué un quart en propriété, nous ne pourrions plus dire qu'il s'est trompé sur le montant de sa fortune, et nous réduirions ce legs à 24,000 fr., sans faire subir aux legs de Primus et de Secundus une diminution proportionnelle. Nous reconnaissons la bizarrerie de cette distinction, mais il nous semble difficile d'y échapper.

vement 12,000 fr. Quant à Primus et à Secundus, il reste à partager entre eux les 6,000 fr. formant la différence entre les deux disponibles, et comme c'est désormais sur le disponible ordinaire qu'ils concourent, nous restituons à leurs legs leur valeur intégrale, et nous divisons ces 6,000 fr. en parties proportionnelles à 22,500 et 15,000, ce qui donne 3,600 et 2,400, lesquels ajoutés respectivement aux 7,200 et 4,800 fr., déjà trouvés, donnent en dernière analyse 10,800 pour Primus, et 7,200 pour Secundus.

420. Lorsque l'époux aura disposé en usufruit en faveur de son second conjoint de plus d'une part d'enfant le moins prenant, l'art. 917 devra-t-il être appliqué? nous le croyons. Si nous avons décidé le contraire, à propos de l'art. 1094, c'est que cet article, conçu dans la théorie du projet de Code qui assimilait le disponible en usufruit au disponible en propriété, n'a jamais été modifié, et par suite a dû conserver son sens primitif; mais il en est différemment de l'art. 1098, dont la rédaction définitive remonte à la séance du 27 ventôse an XI, c'est-à-dire à une époque où le Conseil d'État avait déjà adopté l'art. 917. C'est, du reste, l'opinion généralement admise.

SECTION III. — Sanction des dispositions relatives à la quotité disponible entre époux et à la révocabilité des donations faites pendant le mariage.

421. Le législateur ne s'est pas contenté de poser les principes de la matière, de fixer les limites dans lesquelles les époux pourraient disposer au profit l'un de l'autre, et de déclarer que ces libéralités seraient essentiellement révocables quand elles auraient lieu pendant le mariage, il a prévu le cas où les conjoints chercheraient à éluder les prescriptions de la loi, et afin de prévenir autant que possible les abus, il a déposé dans les art. 1099 et 1100 une double sanction que nous allons étudier. Voici le texte de l'art. 1099 : « Les époux ne pourront

» se donner indirectement au-delà de ce qui leur est permis
» par les dispositions ci-dessus. Toute donation déguisée ou
» faite à personnes interposées sera nulle. »

422. Pour bien comprendre cette disposition, il faut d'abord s'expliquer sur le sens des expressions qu'elle emploie. On entend par avantage indirect toute donation qui se combine accessoirement avec un véritable contrat à titre onéreux sérieusement existant entre les parties contractantes ; on comprend également, sous cette dénomination, les refus d'acquérir et tout acte purement unilatéral de la part du donateur ayant pour objet d'enrichir le donataire. La donation déguisée est au contraire celle qui n'a du contrat à titre onéreux que l'apparence, mais qui, dans l'intention des parties, est une donation pure et simple. Enfin les donations faites par personnes interposées ne diffèrent des précédentes, qu'en ce que la simulation, au lieu de porter sur la nature du contrat, porte sur la personne gratifiée. Ces trois espèces de libéralités sont prévues par l'art. 1099, seulement il déclare les premières simplement réductibles quand elles ont excédé le disponible entre époux, tandis qu'il prononce expressément la nullité des autres.

423. Mais beaucoup d'auteurs se refusent à voir là deux sanctions différentes ; ils prétendent que le second alinéa de l'art. 1099 n'est que le développement du premier, et que dans les deux cas il ne s'agit que d'une question de réduction. Les donations déguisées ou faites à personnes interposées ne seraient que des variétés du genre donations indirectes ; en les déclarant nulles, les rédacteurs du Code auraient voulu, dans un pur intérêt de style, éviter de reproduire dans le second alinéa les expressions qu'ils avaient employées dans le premier ; d'ailleurs, dit-on, cette inexactitude de langage n'est pas sans exemple, car l'article 911 présente une pareille incorrection, en tant qu'on le considère comme sanctionnant la dépense faite, dans l'art. 908, aux père et mère naturels de donner à leurs enfants au-delà de ce qui leur est accordé au titre des succes-

sions. Enfin on se fonde sur ces paroles du tribun Favard :
« Il fallait prévenir les donations indirectes entre époux par per-
» sonnes interposées de la portion de biens qu'ils ne peuvent
» pas se donner » (1).

424. Nous ne pouvons admettre cette manière de voir qui
nous paraît contraire non-seulement au texte de l'art. 1099, ce
qui est incontestable, mais même à son esprit. Il y a, en effet,
une grande différence entre les donations indirectes, en prenant
cette expression dans le sens étroit que nous lui avons assigné
et les donations déguisées ou par personnes interposées ; les
premières ont lieu au grand jour et n'impliquent par là même
aucune idée de fraude ; les autres, au contraire, par cela seul
que le donateur a pris un détour pour les faire, ne sauraient
présenter les mêmes garanties de bonne foi ; la distinction établie par la loi est donc très-rationnelle, surtout quand il s'agit de
libéralités faites entre personnes qui ne peuvent recevoir l'une de
l'autre que jusqu'à concurrence d'une certaine quotitéde biens ;
nous l'avons déjà dit . *lex arctius prohibet quodfacilius fieri
putat* ; l'opinion contraire du reste a le tort de prêter au législateur une redondance aussi regrettable que difficile à justifier.
Quant à l'argument que l'on voudrait tirer de la combinaison
des art. 908 et 911, il nous semble peu concluant. D'abord on
pourrait répondre que l'art. 908 se suffit à lui-même, et n'a pas
besoin d'être complété par l'art. 911 ; cependant nous ne croyons
pas que ce soit là le système de la loi, aussi vaut-il mieux faire
remarquer que cet art. 908, n'établissant pour les enfants naturels qu'uu incapacité de recevoir au-delà d'un certain taux,
c'est seulement pour ce qui dépasse cette limite que l'art. 911
complète l'art. 908, car pour cet excédant il est vrai de dire
que l'enfant naturel est un incapable. Mais entre époux, l'art.

____

(1) Conclusions de M. l'avocat général Merville, insérées dans la *Revue
critique*, tome XV, p. 73 et suiv.

1099 annule toute donation déguisée ou faite par personne interposée ; ici il ne s'agit plus d'une question de *quantum*, c'est uniquement parce qu'elle intervient entre époux et avec un caractère suspect, que la donation est annulée. En nous plaçant à ce point de vue nous comprenons fort bien pourquoi l'art. 911, quand il sanctionne les dispositions de l'art. 908, ne distingue nullement entre les donations ostensibles et les donations déguisées, tandis que tout autre est le système de l'art. 1099, que dans son premier alinéa, soumet les premières à la réduction, tandis qu'il annule les autres dans son second alinéa. Nous reconnaissons cependant que les paroles du tribun Favart paraissent contraires à cette solution, mais nous croyons qu'elles ne sauraient prévaloir contre le texte de l'art. 1099.

425. Entre ces deux opinions extrêmes, il s'en est formé deux autres qui admettent bien que l'art. 1099 contient une double sanction, mais elles se divisent sur la question de savoir quand il y aura nullité, et quand il y aura simplement réduction. L'une d'elles, adoptée par M. Troplong, enseigne que les deux alinéas de l'art. 1099 prévoient le cas de libéralités excédant la quotité disponible, seulement il y aura lieu à réduction s'il s'agit de donations indirectes, à nullité s'il s'agit de donations déguisées ou faites à personnes interposées ; dans l'autre opinion professée par MM. Aubry et Rau, il faudrait examiner en fait si les parties ont eu ou non pour but d'excéder la quotité disponible, dans le premier cas la sanction serait la nullité, et dans le second la réduction. Il nous semble que ces deux systèmes ont le tort de faire des distinctions qui ne sont pas dans la loi, et par conséquent de tomber dans l'arbitraire. Il vaut mieux, selon nous, s'en tenir au texte littéral de l'art. 1099.

426. En déclarant nulles les donations déguisées ou faites à personnes interposées, la loi a voulu non-seulement assurer le respect des règles relatives à la quotité disponible entre époux, mais au empêcher que les conjoints pussent se faire pendant le mariage, des donations qui, en fait, seraient irrévocables ; l'or-

dre public est donc doublement engagé dans la question, et l'on ne doit pas s'étonner de la disposition inflexible de l'art. 1099, 2° alin. (a). Ces idées nous conduisent forcément aux conséquences suivantes : 1° La nullité dont il s'agit est absolue ; 2° elle peut être invoquée par toute personne et même par le donateur ou ses créanciers en son nom ; 3° elle est perpétuelle et le donataire ou ses héritiers ne peut se défendre qu'en invoquant la prescription acquisitive, c'est-à-dire une possession de trente ans, car ici le juste titre fait défaut. Les partisans des deux systèmes intermédiaires que nous avons exposés plus haut, reconnaissent bien que le second alinéa de l'art. 1099 prononce une véritable nullité, mais ils rattachent cette décision à une idée de disponibilité ; aussi pensent-ils que la nullité dont il s'agit est essentiellement relative, qu'elle est établie uniquement dans l'intérêt des réservataires ; seulement ils sont bien obligés de de rentrer dans notre théorie quand ils envisagent l'art. 1099 comme servant de sanction au principe de la révocabilité des donations entre époux. Cette bifurcation dans la nature d'une nullité prononcée par la loi d'une manière unique nous parait bien étrange, et nous ne croyons pas que le texte de l'art. 1099 comporte une semblable distinction.

427. Le législateur est allé plus loin, il considérait comme tellement dangereuses les donations déguisées ou faites par personnes interposées, qu'il s'est cru obligé de poser à cet égard des présomptions légales de fraude ; il était à craindre que la preuve fût souvent trop difficile, ou que le donateur qui s'était

---

(a) On ne saurait, il nous semble, contester que la révocabilité qui est de l'essence des donations entre époux, et la restriction apportée à la quotité disponible ordinaire par l'art. 1098, sont basées sur des considérations d'ordre public ; nous croyons qu'il en est de même des dispositions de l'art. 1094, il suffit pour s'en convaincre, de se reporter aux motifs que nous avons donnés, en expliquant pourquoi cet article est tantôt extensif, tantôt restrictif du droit commun (ci-dessus n° 371).

montré assez faible pour céder à l'ascendant de son conjoint, n'osât pas demander la nullité de sa donation. L'art. 1100 est venu à son secours en réputant « faites à personnes interposées les donations de l'un des époux aux enfants ou à l'un des enfants de l'autre époux issus d'un autre mariage, et celles faites par le donateur aux parents dont l'autre époux serait héritier présomptif au jour de la donation, encore que ce dernier n'eût pas survécu à son parent donataire. »

428. Deux hypothèses sont donc prévues par la loi :

429. 1° La donation a été faite aux enfants que le conjoint avait eus d'un précédent mariage. On comprend sans peine qu'une pareille libéralité, en raison de la qualité de la personne gratifiée est particulièrement suspecte ; mais elle le devient encore d'avantage quand elle s'adresse aux enfants adoptifs ou naturels que le donataire aurait eus avant son mariage, aussi ne craignons-nous pas de les comprendre dans la présomption légale malgré les termes de l'art. 1100 qui parle d'enfants « issus d'un autre mariage ; » en s'exprimant ainsi le législateur a simplement voulu exclure les enfants communs, il ne faudrait pas donner à ses paroles un autre sens.

430. 2° La donation a été faite à des personnes dont le conjoint était à ce moment l'héritier présomptif. — En faisant cette libéralité le disposant a pensé que son époux en retrouverait un jour le montant dans la succession du donataire ; or il était à craindre que ce dernier ne se considérât comme lié par un fidéi commis tacite, lequel serait précisément nul dans l'espèce. Du reste, c'est toujours au moment de la donation qu'il faut se reporter pour déterminer si le conjoint était l'héritier présomptif du donataire ; comme il s'agit de constater et de déjouer une une fraude, il faut naturellement envisager les rapports respectifs des époux à l'époque où la libéralité est intervenue, sans s'inquiéter des événements postérieurs. Aussi l'art. 1100 ajoute-t-il : « encore que ce dernier n'ait point survenu à son parent donataire ; » il eût été plus exact de dire « encore que ce der-

nier pour une raison quelconque ne vienne à la succession de son parent donataire. » Pour les mêmes raisons, nous pensons que s'il s'agissait d'une libéralité testamentaire, c'est au jour de la confection du testament et non au décès du testateur qu'il faudrait se placer pour l'application de la présomption qui nous occupe.

431. Les présomptions légales de l'art. 1100 ayant pour effet d'entraîner la nullité des donations en vue desquelles, elles ont été établies ne sauraient admettre la preuve contraire (art. 1352).

432. Hors des deux cas qui précèdent, on ne peut faire annuler une donation entre époux sous prétexte d'interposition de personne, qu'à la condition de prouver l'existence de ce vice ; cette preuve serait notamment nécessaire si le donataire apparent était un enfant commun ; de même, si l'un des époux ayant encore son père et son grand'père la donation était faite à ce dernier, car l'époux dans ce cas n'était pas l'héritier présomptif de son grand'père, on ne se trouve pas dans l'hypothèse prévue par l'art. 1100 : d'ailleurs tous les moyens de preuve doivent être admis, c'est l'application des principes généraux en matière de fraude (art. 1348).

433. Il reste à examiner une dernière question. On a prétendu que les art. 1099 et 1100 ne se référaient qu'à l'article 1098, mais cette opinion nous paraît insoutenable ; d'abord, en ce qui concerne les donations indirectes, le premier alinéa de l'art. 1099 renvoie expressément « aux dispositions ci-dessus, » c'est-à-dire à la fois aux art. 1094 et 1098 ; quant aux donations déguisées ou faites par personnes interposées, il suffit de faire remarquer que le législateur s'est exprimé en termes très-généraux « toute donation, » et en outre que l'art. 1100 dans les deux situations qu'il réglemente ne suppose nullement que le conjoint donateur a des enfants d'un précédent mariage.

COMBINAISON DE LA QUOTITÉ DISPONIBLE ORDINAIRE ET DE LA QUOTITÉ DISPONIBLE ENTRE ÉPOUX.

434. Le code n'a indiqué nulle part les règles à suivre dans le cas de concours de libéralités faites à un époux avec des libéralités faites à d'autres personnes ; aussi cette matière est-elle entièrement abandonnée à l'interprétation des auteurs et à la jurisprudence des cours. On est d'accord sur un point, c'est que les deux disponibles ne doivent jamais être cumulés. L'opinion contraire serait la négation presque complète de la réserve dans le cas où l'époux donateur laisse des enfants ; et s'il ne laisse que des ascendants, la réunion des deux disponibles dépasserait le montant intégral de la succession, ce qui est évidemment impossible. Il faut donc, de toute nécessité recourir à la théorie de l'imputation des deux disponibles jusqu'à concurrence d'une quotité commune qu'il nous faudra déterminer. Cette manière de procéder se justifie du reste par l'historique des art. 913 et 1094. Nous savons que dans le projet de code le disponible de ces deux articles était le même en propriété, sauf le droit pour les époux de se donner en sus l'usufruit de toute la réserve ou d'une partie seulement, suivant la qualité des réservataires. La modification apportée ensuite à l'art. 913 pour le cas où le disposant ne laisserait qu'un ou deux enfants n'a pas changé cet état de choses, elle n'a fait qu'augmenter dans cette double hypothèse l'étendue du disponible commun.

435. La doctrine du cumul a cependant trouvé un écho dans la jurisprudence ; la cour d'Agen l'a consacrée par un arrêt du 27 août 1810, mais cette décision est restée isolée ; encore faut-il reconnaître que le mode de calcul ordonné par la cour dans cette espèce remédiait en partie aux inconvénients du cumul.

436. Cela posé, nous allons nous demander : 1° dans quelles limites peuvent se combiner entre elles les deux quotités disponibles ; 2° comment s'opère la réduction quand cette limite a été excédée.

437. Nous avons déjà résolu ces deux questions relativement à la quotité disponible entre époux ayant des enfants d'un précédent mariage. En procédant ainsi, nous avons voulu éliminer tout d'abord un certain nombre de cas qui n'offrent pas de difficultés très-sérieuses, et qui surchargeraient inutilement les développements qui vont suivre. Nous allons donc raisonner désormais dans l'hypothèse de l'art. 1094, et examiner les différentes situations qui peuvent se présenter.

I. — Dans quelles limites peuvent se combiner entre elles les deux quotités disponibles.

438. Pour que les différentes libéralités puissent être exécutées simultanément sans donner lieu à la réduction, il faut la réunion des trois conditions suivantes : 1° le conjoint et l'étranger ne peuvent chacun recevoir respectivement au-delà de la quotité disponible qui leur est propre ; 2° l'ensemble des deux libéralités ne peut jamais excéder le montant du disponible ordinaire, mais exceptionnellement, l'époux peut recevoir en usufruit une quotité égale à ce dont le taux du disponible spécial en usufruit excède celui du disponible ordinaire en propriété ; 3° l'étranger ne peut jamais profiter de l'augmentation du disponible établie en faveur de l'époux.

439. La première de ces conditions est évidente et n'est contestée par personne. La seconde est la conséquence des explications que nous avons données précédemment sur l'historique des art. 913 et 1094. On dit habituellement que la somme des dispositions faites au profit de l'étranger et au profit du conjoint ne peut excéder le plus fort possible ; cette règle vraie, en général, n'est pas complétement exacte dans l'hypo-

thèse spéciale où l'époux donateur laisse deux enfants, aussi avons-nous cru devoir en modifier les termes (1) (*infra*, n°s 442-444). Quant à la troisième condition, beaucoup d'auteurs la repoussent, et parmi ceux qui l'admettent, il y a de grandes divergences sur la manière dont elle doit être entendue ; mais c'est surtout à propos du cas où le donateur laisse trois enfants ou un plus grand nombre, que nous aurons l'occasion d'en montrer l'application.

440. Examinons maintenant les différentes situations qui peuvent se présenter.

1re *hypothèse*. — 441. Le disposant ne laisse qu'un enfant. — Le disponible ordinaire est alors plus grand que le disponible entre époux. En pareil cas, les trois conditions que nous avons indiquées plus haut peuvent être facilement remplies : si si l'époux a commencé par gratifier son conjoint, il pourra donner le surplus à l'étranger jusqu'à concurrence de moitié en propriété, et réciproquement, si c'est l'étranger qui est le premier donataire ; toutefois, l'époux ne peut jamais recevoir au-delà du chiffre fixé par l'article 1094. Mais supposons que le disposant ait d'abord donné irrévocablement à son conjoint la quotité disponible ordinaire, et qu'ensuite, réfléchissant qu'il avait excédé le taux légal, il ait légué à un tiers le quart en nue-propriété, formant la différence entre les deux disponibles, le tiers aura-t-il le droit de faire réduire la donation faite à l'époux afin de pouvoir recueillir le montant de son legs? On voit que c'est là, sous une autre forme, la question que nous avons résolue plus haut sous le n° 418 ; nous y renvoyons donc pour la solution.

2e *hypothèse* — 442. Le disposant laisse deux enfants. — Supposons qu'il ait donné à son conjoint, par contrat de ma-

____

(1) Voir, sur ce point, une très-savante dissertation de M. Requier, Président de Chambre à la Cour d'Agen, dans la *Revue historique*, année 1864, p. 119.

riage, un quart en propriété et un quart en usufruit, que pourra-t-il donner ensuite à un étranger? Cette question, qui est résolue très-diversement par les auteurs, nous paraît fort simple si l'on veut se rappeler qu'à l'origine, le disponible commun était toujours un quart en propriété, tandis que le conjoint pouvait recevoir en sus un quart en usufruit ; si, plus tard, sur l'amendement de Cambacérès, il a été permis de donner à l'étranger, dans notre hypothèse, un tiers en propriété, cela n'a pas pu porter atteinte à la faveur toute spéciale dont jouissait le conjoint ; la seule conséquence qui en résulte forcément, c'est que cette faveur est dans ce cas plus restreinte, et que la part en usufruit, à laquelle l'époux donataire puisse prétendre d'une manière exclusive, est de $(\frac{1}{2} - \frac{1}{3})$ ou $\frac{1}{6}$, le disponible commun se trouvant implicitement augmenté de $(\frac{1}{3} - \frac{1}{4})$ ou $\frac{1}{12}$ en usufruit, le conjoint peut donc recevoir un quart en propriété et un quart en usufruit, et l'étranger un douzième en nue-propriété.

443. Cette manière de procéder, indiquée pour la première fois par M. Réquier, et adoptée depuis par M. Demolombe (Donat., t. VI, n° 534), a l'avantage d'éviter l'évaluation toujours arbitraire de la donation d'un quart en propriété et un quart en usufruit au profit de l'époux ; évaluation à laquelle il fallait bien recourir pour savoir si le tiers en propriété disponible, au profit de l'étranger, avait été ou non épuisé, et par suite, si ce dernier avait pu être valablement gratifié, par le disposant, postérieurement à la donation irrévocable faite au conjoint.

444. Mais, dit-on, vous retombez dans la théorie du cumul, puisque vous autorisez simultanément deux libéralités dont la somme atteint le taux d'un tiers en propriété et un sixième en usufruit, c'est-à-dire dépasse également, et le disponible de l'art. 1094, et celui de l'art. 913. C'est violer la règle, que toutes les libéralités réunies ne peuvent jamais excéder le plus fort disponible. Nous répondons avec M. Requier que cette règle

n'est écrite nulle part, et nous ajoutons qu'elle n'a été formulée par les auteurs que pour opposer une barrière au cumul; or, qu'est-ce donc que le cumul? C'est le fait de disposer deux fois, tant au profit de l'époux qu'au profit de l'étranger, d'une quotité qui est commune entre eux; on donne alors deux fois la même chose, ce qui est impossible. Mais dans notre manière de calculer, nous ne faisons rien de semblable, nous n'attribuons qu'une seule fois le disponible ordinaire ($\frac{1}{4}$ en propriété); et si nous donnons en plus à l'époux un sixième en usufruit, c'est parce qu'il y a droit exclusivement, ainsi que nous croyons l'avoir démontré; on ne saurait donc prétendre que nous cumulons; ce sont, au contraire, nos adversaires qui se méprennent sur le sens du mot cumul.

445. Ces raisons nous font aussi considérer comme valable la donation de moitié en usufruit faite à l'époux, et d'un tiers en nue-propriété à l'étranger. Même décision si le disposant avait donné d'abord à l'étranger un tiers en propriété et ensuite à son conjoint un sixième en usufruit.

3e *Hypothèse*. — 446. Le disposant laisse trois enfants ou un plus grand nombre. — Dans ce cas, le conjoint est traité plus avantageusement qu'un étranger, il peut recevoir un quart en usufruit en sus du disponible ordinaire. Cette situation particulière présente dans l'application de sérieuses difficultés, aussi a-t-elle donné naissance à un grand nombre de systèmes, et nous regrettons de le dire, aucun de ceux qui ont été présentés jusqu'à présent n'est complètement à l'abri de critiques. Nous allons les exposer successivement.

1er *Système*. — 447. C'est celui qui prévaut dans la jurisprudence; depuis longtemps déjà la Cour de Cassation l'a adopté, et elle a rallié successivement à sa doctrine les quelques Cours impériales qui avaient cru devoir résister; aussi c'est à peine si aujourd'hui on peut citer quelques rares arrêts en sens contraire (a); il a trouvé du reste un éloquent défen-

---

(a) Nous croyons utile de mentionner un jugement du tribunal de Lec-

seur dans la personne de M. Troplong, qui l'a très-habilement
exposé aux nᵒˢ 2580-2621 de son traité des donations; pour
bien comprendre ce système, il faut envisager successivement
les trois cas suivants : 1ᵒ la disposition faite au profit de l'étranger est la plus ancienne; 2ᵒ les deux dispositions sont simulta-
tanées; 3ᵒ la disposition faite au profit du conjoint est la plus
ancienne.

448. 1ᵒ Le premier cas ne saurait présenter aucune difficulté, car le disponible ordinaire étant le plus faible, et l'étranger le premier gratifié, tout ce qui restera libre sur le disponible ordinaire pourra être attribué à l'époux, lequel peut recevoir
en sus un quart en usufruit; mais cette dernière quotité n'existe
qu'en sa faveur, l'étranger n'y a jamais droit.

449. 2ᵒ Les libéralités sont simultanées; ce sont par exemple
deux donations faites par le même acte, ou bien des legs contenus soit dans le même testament, soit dans des testaments
différents; en pareil cas, il est certain qu'il n'y a pas lieu à
réduction quand chaque libéralité se renferme dans son disponible, et que toutes ensemble n'excèdent pas un quart en propriété et un quart en usufruit. Partant de cette idée, la jurisprudence en a tiré des conséquences extrêmement logiques,
mais qui, dans l'application, donnent lieu à de sérieuses difficultés.
Elle fait remarquer que le disposant ayant gratifié dans le même
trait de temps son conjoint et un étranger, il a voulu apparemment que ces deux libéralités pussent, autant que possible,
recevoir cumulativement leur exécution, c'est là une présomption bien naturelle et qui doit servir de guide pour la solution
des diverses espèces qui peuvent se rencontrer. Ainsi, tout le
monde reconnaît que l'époux a pu léguer à un tiers un quart en

---

tonre, du 7 juin 1850, très-savamment motivé, et dont les considérants,
d'une extrême vigueur, battent complétement en brèche la jurisprudence
de la Cour de Cassation.

propriété, et au conjoint un quart en usufruit, ou bien moitié en usufruit au conjoint et un quart en nue-propriété à l'étranger; mais a-t-il pu léguer au conjoint un quart en propriété et à l'étranger un quart en usufruit? Oui, répond la jurisprudence, car les dispositions étant simultanées, rien ne dit que dans l'esprit du disposant, il ne faille pas imputer sur le disponible ordinaire le quart en usufruit légué à l'étranger, et partie sur le disponible ordinaire, partie sur le disponible exceptionnel le quart en propriété légué au conjoint; puisque l'on peut interpréter ainsi sa volonté, il ne faut pas hésiter à le faire, car les conventions (art. 1157) et à plus forte raison les dispositions testamentaires doivent être entendues *potius ut valeant quam ut pereant*. Dans le cas où le legs fait à l'étranger serait de moitié en usufruit et celui fait au conjoint d'un quart en nue-propriété, il y aurait certainement excès, car n'importe comment on combine ces deux dispositions, il est impossible d'échapper à cette conséquence, c'est que l'étranger a reçu le disponible spécial de l'art. 1094.

450. 3° La disposition faite au profit du conjoint est la plus ancienne; c'est là que la jurisprudence, à notre avis, s'est surtout égarée et que sa doctrine devient inadmissible. Voici l'hypothèse qui s'est présentée le plus souvent : Primus donne à sa femme par contrat de mariage l'usufruit de la moitié de ses biens, puis il lègue à un tiers un quart en nue-propriété. Il y a-t-il excès? La jurisprudence admet l'affirmative et considère la seconde donation comme non avenue. Pourquoi cela? nous laissons parler M. Troplong (Donat., n° 2600). « La » raison en est simple, qu'a fait le disposant? D'un même » coup il a épuisé le disponible conjugal et le disponible ordi- » naire, d'une part il donnait à son conjoint l'usufruit de la » moitié, c'est-à-dire qu'il lui a donné l'un des deux maximum » établis par l'art. 1094; d'autre part, comme cet usufruit » équivaut en général au quart en propriété, il a consommé le » pouvoir qu'il tenait du droit commun pour avantager un

» étranger, car un père de trois enfants n'a de liberté que jus-
» qu'à concurrence du quart de ses biens. Ici ce quart (ou
» l'équivalent) a été donné au conjoint. Donc le legs fait à
» l'enfant tombe dans le vide, il ne peut saisir rien de libre
» dans le patrimoine du défunt. » On voit tout de suite le
double vice de cette théorie. En premier lieu, on prétend
que la donation faite au conjoint a atteint l'un des maximum
fixés par l'art. 1094; mais précisément, le disposant, en grati-
fiant ensuite l'un de ses enfants par préciput d'un quart en nue-
propriété, a prouvé, d'une manière irrésistible, que ce n'était
pas sur ce maximum, mais bien sur l'autre ($\frac{3}{4}$ en propriété et
$\frac{1}{4}$ en usufruit), qu'il avait entendu imputer sa première libéralité. En second lieu il y a-t-il rien de plus injuste que cette transformation de l'usufruit en propriété, pourquoi changer ainsi la
nature de la donation ? On répond : mais cette conversion n'est
que fictive ; c'est un simple procédé de calcul, le conjoint n'en
recevra pas moins sa moitié en usufruit. C'est vrai, mais il est
incontestable que pour faire cette évaluation il faut recourir à
une appréciation tout-à-fait arbitraire de la vie probable de
l'époux donataire (a) ; or, nous savons que le législateur est
essentiellement hostile à tous ces calculs sur la valeur approxi-
mative de l'usufruit, il l'a suffisamment prouvé en insérant dans
le Code l'art. 917 en matière de disponible ordinaire et en assi-
milant dans l'art. 1094 le disponible en usufruit au disponible
en propriété. Du reste, le système que nous combattons conduit à des conséquences réellement désastreuses ; l'enfant avantagé par préciput aura en effet grand intérêt à démontrer que
dans l'espèce l'usufruit constitué au profit de son père ou de sa

---

(a) Bien qu'en fait, la Cour de Cassation évalue toujours l'usufruit à la
moitié de la valeur de la propriété, s'inspirant ainsi des dispositions de la
loi du 22 frimaire an VII (art. 14 et 15), elle reconnait cependant que l'on
doit tenir compte, dans chaque espèce particulière, de l'âge et de l'état
de santé de l'usufruitier.

mère ne vaut pas la moitié de la propriété ; que par conséquent il doit recevoir tout ou partie de son legs, et l'on assistera alors à ce triste spectacle d'un fils qui vient publiquement, devant un tribunal ou une Cour, calculer toutes les chances de mortalité qui planent sur la tête de l'auteur de ses jours ; peut-on imaginer une situation plus profondément immorale !

2ᵉ *Système*. 451. Il a été présenté avec beaucoup de talent, par M. Marcadé (1) ; ce n'est au fond que celui de la jurisprudence modifié dans ce qu'il a de plus défectueux ; il est d'accord avec le précédent dans les deux premiers cas que nous avons envisagés, mais il repousse énergiquement la théorie des évaluations admise par la Cour de cassation quand la libéralité faite au conjoint est la plus ancienne. Dans cette hypothèse, Marcadé se demande purement et simplement si la donation faite à l'époux peut être imputée en entier sur le disponible ordinaire, alors elle est traitée comme toute autre donation, et l'étranger pourra être gratifié postérieurement si le disponible n'a pas été complètement dépensé au profit de l'époux, le législateur en pareil cas n'a pu permettre de recourir à un supplément exceptionnel quand les ressources ordinaires suffisaient ; mais il faut donner une autre décision si la libéralité n'a été évidemment faite au conjoint qu'en sa seule qualité de conjoint, alors la force même des choses exige que l'on impute d'abord sur le disponible commun, et subsidiairement sur le disponible exceptionnel , c'est ce qui se présente notamment quand l'époux a reçu une donation en usufruit d'une quotité supérieure à un quart, par exemple la moitié : cette manière de procéder laisse encore libre pour l'étranger un quart en une propriété. Le principal reproche que l'on ait fait à ce système, c'est d'avoir deux poids et deux mesures ; comment, dit-on, quand les libéralités ont même date vous permettez de décomposer le legs d'un quart

---

(1) T. IV, nᵒˢ 362 et suiv. Il a été adopté par M. Boutry, op. cit. nᵒ

en propriété fait au conjoint en deux fractions, l'une d'un quart en usufruit que vous faites porter sur le disponible spécial, et l'autre d'un quart en nue-propriété qui, s'ajoutant au legs d'un quart en usufruit fait à l'étranger, complète le disponible ordinaire ; mais n'est-il pas possible de procéder de même quand les libéralités, au lieu d'être simultanées sont successives ? n'est-ce pas là également une interprétation très-plausible de la volonté probable du disposant ? quelle peut être la raison de différence ? Serait-ce, par exemple, parce que la donation d'un quart en propriété faite d'abord au profit de l'époux, aurait pris rang sur le disponible ordinaire ? Mais précisément en disposant ensuite d'un quart en usufruit, le donateur a prouvé que dans son intention, la première libéralité devait être imputée pour partie sur le disponible spécial. Du reste, c'est une erreur de prétendre que la donation, au moment où elle est faite, prend rend sur un disponible quelconque ; les questions de disponibilité se règle au jour de la mort du *de cujus*, et alors reparait avec toute sa force la maxime que vous invoquiez précédemment : c'est qu'un acte doit s'entendre *potius ut valeat quam ut pereat.*

3ᵉ Système. — 452. Il n'y a jamais lieu à réduction tant que l'on n'a pas excédé le plus fort disponible (1), sans que l'on ait à s'inquiéter de la date respective des différentes libéralités, ni de la manière dont elles se répartissent entre les divers gratifiés ; c'est donc la négation complète de la troisième règle que nous avons posée précédemment, à savoir : que l'étranger ne peut jamais profiter du disponible établi en faveur de l'époux ; on prétend cependant la respecter, mais on lui donne ce sens particulier que le conjoint et l'étranger ne doivent jamais recevoir au-delà de leurs disponibles respectifs ; nous avons vu là, au contraire, deux conditions bien distinctes.

---

(1) C'est l'opinion enseignée par MM. Aubry et Rau (t. V, p. 614) et par M. Colmet de Santerre, t. IV, nº 281 bis.

453. Les partisans de ce système font ressortir que les deux opinions qui précèdent ont le défaut d'être inconséquentes avec elles-mêmes; nous ne revenons pas sur cet argument déjà présenté plus haut; ils ajoutent que l'on a tort de voir dans le disponible de l'art. 1094 un crédit extraordinaire sur lequel le donateur ne doit pas être supposé facilement avoir voulu imputer sa libéralité. L'époux n'est-il pas moins bien traité qu'un étranger quand il y a moins de trois enfants, et cependant dans ce cas, on n'a jamais songé à voir dans la différence entre les deux disponibles une faveur spéciale au profit de l'étranger, dont l'époux ne pourrait profiter quand cet étranger a reçu préalablement une donation égale au disponible de l'art. 1094. Cet argument présenté par M. Colmet de Santerre nous paraît peu concluant, et nous comprenons fort bien pourquoi personne ne voit dans le disponible de droit commun un disponible d'exception, même pour partie. Une troisième considération sur laquelle on insiste vivement, c'est que dans les deux premiers systèmes les droits de la puissance paternelle sont sacrifiés lorsque la libéralité faite au conjoint par contrat de mariage est d'un quart en propriété, et qu'elle est la première en date; l'époux a épuisé à la fois les deux disponibles, il ne pourra donc plus rien donner par préciput à l'un de ses enfants pour le récompenser ou pour punir les autres! Nous répondons que si le disponible de l'art. 913 est la garantie de l'autorité paternelle, on ne saurait assigner le même but au disponible spécial de l'art. 1094, et nous croyons très-exacte cette observation de M. Boutry : « que la puissance paternelle n'est pas plus sacri-» fiée par l'imputation sur le disponible ordinaire du don fait à » l'époux, qu'elle ne le serait si la loi n'avait pas augmenté ce » disponible en sa faveur; » d'ailleurs si le conjoint veut se réserver le droit de faire dans la suite d'autres libéralités, il n'a qu'à donner moitié en usufruit, il lui restera un quart en nue-propriété complètement libre entre ses mains. Mais nous ne saurions admettre que quand l'époux a reçu un quart en propriété,

on puisse ensuite gratifier un tiers d'un quart en usufruit pris sur la réserve des enfants. En opérant de la sorte, on s'expose même à dépasser le plus fort disponible, car il peut se faire que l'étranger soit plus jeune que l'époux, et par suite que cette disposition en usufruit soit plus onéreuse pour les réservataires que si elle eût été faite au profit du conjoint ; cette considération a fait naître, si l'on peut s'exprimer ainsi, un schisme dans le système que nous exposons, et M. Colmet de Santerre enseigne en effet que dans tous les cas où l'étranger recevra le supplément de disponible établi au profit de l'époux, cet usufruit devra porter sur la tête du conjoint, et non sur celle du second donataire et sera soumis aux chances de vie ou de mort du conjoint, et non du donataire ; mais « reconnaître, dit M. Demolombe, que l'usufruit de la réserve ne peut être constitué que sur la tête de l'époux, n'est-ce pas virtuellement reconnaître qu'il ne peut être constitué qu'en faveur de l'époux ». Enfin, dans ce troisième système on admettrait même que le disposant a pu donner moitié en usufruit à l'étranger et un quart en nue-propriété au conjoint, dans le cas où les héritiers à réserve ne demanderaient pas contre l'étranger donataire l'application de l'art. 917 ; vainement voudrait-on justifier cette solution en prouvant qu'il est toujours plus avantageux pour les réservataires que l'usufruit soit réparti entre les mains d'étrangers, et la nue-propriété attribuée au conjoint, car cette combinaison ne fait pas sortir définitivement les biens de la famille, et laisse aux enfants l'espoir de recueillir un jour toute la fortune de leur auteur. Nous croyons que tous ces raisonnements n'ont d'autre effet que de vicier complètement l'esprit de la loi, en lui donnant une extension qu'elle ne comporte pas.

4° *Système* (a). — 454. On ne s'inquiète pas de l'ordre des

(a) Ce système a été présenté pour la première fois, à notre connaissance, par M. Demolombe, dans son traité des donations et des testaments (t. vi, n°s 518-547) ; seulement, le savant doyen de la Faculté de Caen pense

libéralités ; on fait seulement remarquer que dans le cas où la donation faite au conjoint consiste en usufruit, il est tout naturel de l'imputer sur le disponible spécial et de laisser libre entre les mains du conjoint donateur tout ou partie du disponible de droit commun. Cette manière de procéder est entièrement conforme à l'intention probable du disposant, car on ne saurait présumer facilement que ce dernier ait voulu en quelque sorte se forclore lui-même et se cantonner dans le droit commun quand l'art. 1094 a eu soin d'élargir en sa faveur les règles ordinaires. Mais si le conjoint a été gratifié en propriété, ces raisons ne peuvent plus être invoquées ; ce serait dénaturer complètement la donation que de vouloir, pour ainsi dire, la dédoubler en la considérant comme la réunion de deux libéralités, l'une en usufruit portant sur le disponible de l'art. 1094, l'autre en nue-propriété imputable sur le disponible de l'article 913 ; il faut prendre la disposition telle qu'elle est, avec son caractère propre, sans chercher à lui faire subir aucune transformation. On objecte qu'il est peu naturel dans le cas où la donation faite au conjoint consiste en un usufruit, de la faire porter d'abord sur le disponible exceptionnel, d'user, dit-on, d'un crédit supplémentaire avant d'avoir utilisé le crédit ordinaire ; cette manière de voir nous parait inexacte ; car vis-à-vis du conjoint gratifié il n'y a ni crédit ordinaire ni crédit supplémentaire, mais seulement un disponible susceptible d'atteindre le chiffre d'un quart en propriété et un quart en usufruit, sans pouvoir jamais excéder moitié en usufruit ; autrement on arriverait tout droit à la théorie de l'indivisibilité du disponible de l'art. 1094 depuis longtemps condamnée par la jurisprudence et par les auteurs, et que nous retrouverons plus loin à l'occasion du cas où le conjoint ne laisse que des ascendants.

---

qu'il y a, dans l'art. 1094, deux disponibles absolument distincts, l'un en propriété, l'autre en usufruit, et il en fait la base de sa théorie ; nous avons cru devoir nous fonder sur d'autres considérations empruntées également à l'ouvrage du même auteur.

455. Ce système se résume donc en ceci : la libéralité faite à l'étranger s'impute toujours sur le disponible ordinaire ; il en est de même de celle qui est faite au conjoint si elle consiste en propriété, mais si elle consiste en usufruit, elle doit porter d'abord sur le disponible en usufruit spécialement établi au profit de l'époux. Nous croyons qu'il faut s'en tenir à cette solution, qui nous parait en définitive la plus rationnelle ; elle n'est pas cependant à l'abri de toute critique et l'en peut trouver étrange que quand le disposant a légué à un étranger un quart en usufruit, et à son conjoint un quart en propriété, ce dernier doive être réduit, tandis qu'il aurait pu recevoir seul et sans qu'il y eut excès le montant intégral du plus fort disponible. Il y a plus, si le testateur avait eu soin de fractionner sa libéralité et de léguer à son conjoint, au lieu d'un quart en toute propriété, un quart en nue-propriété et un quart en usufruit, celui-ci n'aurait eu à subir aucune réduction. Il faut bien reconnaitre que tous ces résultats touchent de très-près à la subtilité, mais les autres systèmes conduisent à des conséquences tout aussi inadmissibles ; ainsi dans celui de Marcadé si l'on suppose que le conjoint a légué à la fois à un tiers un quart en propriété, et à son époux également un autre quart en propriété, les deux legs seront réduits de telle manière qu'ils soient l'un et l'autre dans le rapport du disponible ordinaire au disponible entre époux (1) ; n'est-ce pas là méconnaitre l'intention manifeste du disposant qui a entendu donner autant à l'étranger qu'à son conjoint ? D'un autre côté, on ne saurait admettre avec le troisième système que l'étranger puisse recevoir un quart en usufruit quand le conjoint a été préalablement gratifié d'un quart en toute propriété, il nous semble évident que c'est le faire profiter d'un disponible qui n'a pas été établi en sa faveur. L'opinion que

---

(1) Ce mode de réduction parfaitement exposé par Marcadé est en effet la conséquence forcée de son système, ainsi que nous le verrons plus loin.

nous adoptons présente du reste sur toutes celles qui précèdent un grand avantage, c'est de faciliter considérablement les réductions, ainsi que nous aurons l'occasion de le faire remarquer plus loin.

4° *hypothèse*. — 156. Le disposant ne laisse que des ascendants. — En pareille circonstance, l'époux peut recevoir, outre la quotité disponible ordinaire, l'usufruit de la réserve des ascendants; cette hypothèse est donc analogue à la précédente, en ce sens que dans l'une et dans l'autre, le disponible de l'article 1094 est supérieur au disponible de droit commun. Aussi, appliquerons-nous exactement les mêmes règles : nous distinguerons donc, suivant que la libéralité faite au conjoint consiste en propriété ou en usufruit; dans le premier cas, elle sera imputable sur le disponible ordinaire, et dans le second, sur le disponible spécial. Cette situation ne présente donc rien de particulier, et si nous l'envisageons isolément, c'est pour avoir l'occasion de dire quelques mots d'une théorie qui, deux fois, en 1826 et en 1840, a été présentée devant la Cour de Cassation, et deux fois a échoué (1). Voici dans quelles circonstances est intervenu le dernier arrêt : Un sieur Timoléon de Bonnemain était mort à la survivance de sa mère et de son épouse; il avait légué toute sa fortune à sa nièce, sauf un domaine qu'il laissait à sa femme avec l'usufruit de la réserve de sa mère; cette dernière soutint qu'un époux ne peut disposer, au profit de son conjoint, de l'usufruit de la réserve des ascendants qu'autant qu'il le gratifie en même temps de tout le disponible ordinaire; en un mot, que la quotité disponible de l'art. 1094 est indivisible. La prétention de la veuve de Bonnemain fut accueillie par M. Delangle, alors avocat général, qui lui prêta l'appui de sa puissante dialectique; l'éminent magistrat chercha à établir que le droit de disposer de l'usufruit, pris sur la réserve des ascendants, est un secours extrême, c'est un crédit supplémentaire dont il n'a droit d'user qu'à défaut d'autres ressources,

______

(1) Arrêts du 3 janvier 1826 et du 18 novemb : 1840.

quand on a déjà épuisé au profit de son conjoint le disponible ordinaire « N'est-il pas logique de conclure, disait M. Delangle, que si le testament appelle un tiers à recueillir une partie des biens, le cas prévu par la loi ne se rencontre pas ; que la réserve reprend toute sa force, l'art. 915 toute son énergie, et que si l'ascendant est contraint de s'humilier devant l'époux, ce sacrifice ne lui est plus imposé envers un étranger ? » Comme argument de texte, on invoquait les mots « et en outre » de l'art. 1094, qui semblent indiquer que le disponible en usufruit est l'accessoire, le complément, en quelque sorte, d'une libéralité préalable. Cette libéralité, de plus, a dû être faite au profit du conjoint, cela résulte de l'intitulé tout spécial du chapitre qui renferme l'art. 1094 ; M. Delangle, du reste, était conséquent avec lui-même en étendant la théorie de l'indivisibilité du disponible entre époux, au cas où le disposant laisse trois enfants ou un plus grand nombre, situation analogue, comme nous le savons, à l'hypothèse qui nous occupe en ce moment.

457. Cependant, cette argumentation n'a pu triompher devant la Cour suprême ; il suffit, en effet, de lire attentivement l'article 1094, pour être convaincu qu'il ne signifie nullement ce qu'on lui fait dire : « l'époux, dit cet article, pourra...... disposer, en faveur de l'autre époux, de tout ce dont...... et en outre de l'usufruit, etc. » Formule essentiellement faculta-tive, qui a pour objet de créer, en faveur des conjoints, un disponible exceptionnel pris sur la réserve des ascendants, mais qui n'en fait nullement l'accessoire obligé d'une libéralité prin-cipale en propriété, également adressée à l'époux gratifié. Du reste, la doctrine de M. Delangle conduisait à ce résultat étrange, c'est que si l'un des conjoints, avant son mariage, avait fait une première donation à un tiers, il ne pourrait plus rien donner à la femme qu'il épouserait ensuite.

458. Dans le cas où il y aurait des enfants d'un précédent mariage, nous renvoyons à ce que nous avons dit ci-dessus (n°s 417 et suiv.).

II. — Comment s'opère la réduction, quand il y a concours entre les deux disponibles.

459. Maintenant que nous avons déterminé dans quelles limites peuvent se combiner les deux quotités disponibles, toutes les fois que les bornes auront été dépassées, il y aura lieu à réduction ; ce qu'il nous reste donc à examiner, ce sont les règles d'après lesquelles cette réduction devra s'effectuer.

460. Il faut distinguer deux cas : ou les libéralités sont successives, ou elles ont même date.

1er *Cas.* — 461. Les libéralités n'ont pas la même date. — Cette situation, de beaucoup la plus simple, est régie par les principes généraux, c'est-à-dire, que la réduction s'effectue en remontant de la libéralité la plus récente à la libéralité la plus ancienne.

462. Si la donation faite au conjoint est la plus ancienne, il faut sous-distinguer suivant qu'elle a eu lieu par contrat de mariage ou pendant le mariage ; dans le premier cas, elle est irrévocable et doit être assimilée à une donation ordinaire ; mais dans le second cas, on doit examiner en fait si le disposant a eu l'intention de révoquer partiellement sa libéralité ; on ne saurait en effet poser en thèse que le donateur, ayant excédé par des dispositions postérieures les limites du disponible, est censé par cela seul avoir voulu restreindre la libéralité faite à son époux, *sæpe enim de facultatibus suis plus quàm in his est sperant homines;* nous croyons même que dans le doute il faut toujours incliner pour le maintien de la donation.

463. Il peut se faire que l'excès résulte uniquement de ce que la première libéralité dépassait le taux de son disponible spécial, alors la réduction devra l'atteindre exclusivement sans frapper les libéralités postérieures en date ; le droit de demander cette réduction appartient aux héritiers réservataires, quant aux donataires subséquents ils peuvent l'invoquer pour démontrer qu'ils ne doivent pas être réduits, mais non pour profiter

des biens qui rentrent ainsi dans la masse héréditaire (ci-dessus, n°s 418 et 441).

2e Cas. — 464. Les libéralités ont même date. — En pareil cas, la réduction s'effectue au marc le franc sur l'ensemble de toutes les dispositions (art. 926). Ce procédé, qui est extrêmement simple quand il s'agit uniquement de la quotité disponible ordinaire, devient, au contraire, d'une application très-difficile quand il faut l'étendre à des libéralités imputables à la fois sur deux disponibles différents; aussi ne doit-on pas s'étonner de trouver sur ce point une grande diversité de solutions.

465. Suivant Toullier, il faudrait toujours opérer la réduction d'après le plus fort disponible; c'est-à-dire que l'on réduit à ce chiffre la somme des libéralités faites à l'époux et à des tiers; mais cette manière de procéder n'est pas équitable : elle a en effet un grand inconvénient, c'est de traiter les donataires et les légataires, qui n'ont droit qu'au plus faible disponible, absolument comme s'ils pouvaient prétendre au plus fort, elle est donc pour eux trop avantageuse et au contraire trop rigoureuse pour les autres. Elle a été reprise de nos jours par M. Troplong (n° 2617) et par MM. Aubry et Rau (t. V, p. 618), qui l'ont adoptée chacun à leur système.

466. Une autre méthode a été indiquée par Delvincourt; elle consiste à effectuer la réduction d'après le plus faible disponible; mais on comprend qu'elle présente, en sens contraire, les mêmes défauts que la précédente. En effet, en faisant concourir sur le plus faible disponible le donataire le plus avantagé par la loi, et celui qui l'est le moins, on procure au premier une faveur incontestable, car la libéralité qu'il a reçue, et qui devrait se répartir sur un disponible plus considérable, se trouvant concentrée pour le montant intégral de sa valeur sur le disponible le plus faible, fait subir à l'autre une réduction excessive et sans compensation; quant à la différence entre les deux disponibles, elle est attribuée exclusivement à celui qui est appelé à la plus forte quotité.

467. Marcadé a proposé un système intermédiaire entre le

deux précédents et qui n'encourt pas les mêmes reproches ; ce n'est au fond que le procédé de Delvincourt rectifié, en voici la formule : « Il faut, dit Marcadé, prendre momentanément pour
» base de la réduction le disponible le plus faible, pour toutes
» les libéralités, même pour celles qui ont droit au disponible
» le plus fort, mais avoir soin d'imprimer momentanément aussi
» à ces dernières libéralités une diminution proportionnelle à
» celle que l'on donne à leur disponible ; quand la réduction
» est opérée sur cette base, entre toutes les libéralités, le résultat,
» définitif pour ceux qui n'ont droit qu'au plus petit disponible,
» et provisoire seulement pour les autres, se complète en par-
» tageant entre ces derniers la part de disponible qui ne se
» trouve pas encore employée. » Cette méthode, que nous avons déjà mise en application, à propos de la combinaison du disponible ordinaire et du disponible entre époux quand il y a des enfants d'un précédent mariage (ci-dessus, n° 419), est la seule qui effectue la réduction d'une manière à la fois proportionnelle, et au quantum des libéralités envisagées les unes par rapport aux autres, et au quantum des disponibles sur lesquels ces dernières doivent être respectivement imputées.

468. Montrons par un exemple les résultats différents auxquels conduisent les trois systèmes qui précèdent. Supposons que Primus, qui a légué à sa femme 42,000 fr. et à un étranger 24,000 fr., meure laissant une fortune de 120,000 fr. et trois enfants. Le disponible ordinaire est un quart en propriété ou 30,000 fr., et le disponible entre époux un quart en propriété et un quart en usufruit ou 45,000 fr. (en admettant que dans l'espèce l'usufruit vaille la moitié de la propriété) :

Système de Toullier. — 469. Le plus fort disponible est le disponible exceptionnel, 45,000 fr., il faut donc réduire à ce chiffre les deux legs faits au conjoint et à l'étranger, c'est-à-dire, partager 45,000 fr. en parties proportionnelles à 42,000 et à 24,000, ce qui donne pour l'époux, 28,636 fr. $\frac{4}{11}$, et pour l'étranger, 16,363 fr. $\frac{7}{11}$.

Système de Delvincourt. — 470. Le plus faible disponible est le disponible ordinaire, 30,000 fr., il faut réduire les deux legs à ce chiffre, ce qui donne pour l'étranger, 10,909 fr. $\frac{1}{11}$, et pour le conjoint, 19,090 fr. $\frac{10}{11}$; mais ce dernier a droit en sus et exclusivement à la différence entre les deux disponibles (45,000-30,000) ou 15,000 fr., ce qui, ajouté aux 19,090 fr. $\frac{10}{11}$ déjà trouvés, donne définitivement 34,090 fr. $\frac{10}{11}$.

Système de Marcadé. — 471. Ici encore réduction au plus faible disponible ; seulement on fait subir momentanément au legs fait au conjoint une diminution d'un tiers, car le disponible ordinaire n'étant dans notre hypothèse que les deux tiers du disponible exceptionnel, cette opération préalable est nécessaire pour maintenir la proportionnalité, le legs de 42,000 fr., ne sera donc compté que pour 28,000 fr. Nous partageons 30,000 fr. en parties proportionnelles à 24,000 et 28,000 fr., ce qui donne pour l'étranger 13,846 fr. $\frac{2}{13}$, et pour l'époux 16,153 fr. $\frac{11}{13}$; ce dernier devant recevoir en sus, 15,000 fr., différence des disponibles, recueillera en tout 31,153 fr. $\frac{11}{13}$.

472. En résumé, dans le système de Toullier, le conjoint recevrait 28,636 fr. $\frac{4}{11}$, dans celui de Delvincourt 34,090 fr. $\frac{10}{11}$, et dans celui de Marcadé 31,153 fr. $\frac{11}{13}$; ce dernier tient donc la balance égale entre les exagérations des deux autres ; aussi toutes les fois que nous aurons à opérer une réduction à la fois sur deux disponibles, c'est le procédé Marcadé que nous emploierons. Heureusement il ne nous faudra y recourir que fort rarement. Nous avons en effet examiné plus haut quatre théories différentes sur la combinaison des deux disponibles, dans le cas où le disposant laisse trois enfants ou un plus grand nombre, nous avons cru devoir adopter celle qui est enseignée par M. Demolombe, et nous avons annoncé qu'elle a l'avantage de simplifier considérablement les réductions ; le moment est arrivé de justifier cette assertion.

Système de M. Demolombe. — 473. Ce système, nous le savons, repose sur une distinction : les libéralités faites au conjoint, consistent-elles en propriété, elles s'imputent sur le disponible commun ; consistent-elles en usufruit, elles s'imputent sur le disponible exceptionnel ; or, comme ce dernier disponible qui porte tout entier sur la réserve des enfants et des ascendants est spécialement établi en faveur du conjoint, il ne peut jamais faire partie de la masse sur laquelle s'opère la réduction ; l'époux, gratifié en usufruit le prélève tout d'abord et concourt pour le surplus avec les autres donataires ou légataires sur le disponible commun.

474. Cette manière de procéder est extrêmement simple, quand le disposant laisse au moins trois enfants ou seulement des ascendants, car le concours, et par suite la réduction proportionnelle n'a jamais lieu que sur un seul disponible (le disponible ordinaire) ; quant au disponible exceptionnel, il ne peut faire l'objet que d'un prélèvement.

475. Seulement la situation n'est pas aussi facile à régler quand il n'y a que deux enfants ou bien un seul ; le disponible en propriété n'étant plus le même à l'égard des étrangers et à l'égard du conjoint, il y a là une cause de complications ; aussi nous croyons nécessaire de donner quelques développements sur ces deux hypothèses spéciales :

476. 1° Le disposant ne laisse que deux enfants. — Le disponible ordinaire est alors un tiers en propriété ; quant au conjoint, il peut recevoir un quart en propriété et un quart en usufruit. Ce dernier quart en usufruit est donc commun avec le disponible ordinaire jusqu'à concurrence de $\frac{1}{3} - \frac{1}{4}$ ou $\frac{1}{12}$, et spécial au conjoint, c'est-à-dire pris sur la réserve des enfants pour le surplus ou $\frac{1}{6}$. En résumé, le disponible commun est $\frac{1}{4}$ en propriété et $\frac{1}{12}$ en usufruit, et le disponible spécial $\frac{1}{6}$ en usufruit. Cela posé, deux cas peuvent se présenter : 1° Le conjoint a été exclusivement gratifié en propriété ; alors la libéralité qu'il a reçue porte uniquement sur le disponible commun (un quart en propriété et un douzième en usufruit) ; quant aux libéralités faites à des étrangers elles portent sur le disponible ordinaire (un tiers en propriété), lequel excède le premier d'un douzième en

nue-propriété ; nous aurons donc à effectuer la réduction à la fois proportionnellement au quantum des libéralités et au quantum des disponibles ; pour cela nous recourrons au procédé indiqué par Marcadé et que nous avons exposé ci-dessus ; 2° Le conjoint a été gratifié en usufruit, alors il prélève le sixième en usufruit sur la réserve des enfants, lequel lui est spécialement destiné, et pour le surplus il concourt avec les étrangers sur le disponible commun, c'est-à-dire que l'on retombe dans le cas précédent.

477. 2° Le disposant ne laisse qu'un seul enfant. — Le disponible ordinaire est : moitié en pleine propriété, et le disponible entre époux d'un quart en propriété et un quart en usufruit ; ce dernier est donc compris en entier dans le disponible ordinaire, et par suite, ne peut, dans aucun cas, porter sur la réserve des enfants ; aussi peu importe la nature de la libéralité faite au conjoint, il n'y aura jamais qu'à opérer une réduction d'après le plus faible disponible, en suivant toujours la méthode de Marcadé.

478. Dans la pratique les questions de réduction en cas de conflit entre les deux disponibles, peuvent encore soulever beaucoup d'autres difficultés (1), dans l'examen desquelles nous n'avons pas l'intention d'entrer. Les recueils d'arrêts nous présentent sur ce sujet une masse considérable de documents qu'il serait intéressant de compulser, nous pourrions y trouver un grand nombre de solutions ingénieuses au moyen desquelles la jurisprudence cherche autant que possible à respecter l'intention des parties, sans violer les principes rigoureux du droit, mais cette étude nous entraînerait au-delà de notre tâche ; nous avons voulu simplement exposer quelques idées générales sur la matière ; heureux si nous ne sommes pas resté trop loin du but que nous nous étions proposé d'atteindre.

---

(1) Voir notamment l'espèce intéressante sur laquelle le tribunal de Vire a été appelé à statuer le 11 mai 1861, ainsi que l'arrêt infirmatif de la Cour de Caen, rendu le 14 mai 1862. (Sir. 1862. II, 362,.

POSITIONS.

DROIT ROMAIN.

I. Dans le cas de donation effectuée par voie de délégation, le préteur accordait au donateur qui avait excédé le taux de la loi Cincia, une action rescisoire ou même une *condictio sine causâ*, suivant que la donation avait été ou non suivie d'exécution (n° 4).

II. La loi 25 h. t., qui admet la validité de la donation entre époux d'une *res aliena*, suppose que le donateur n'était pas *in viâ usucapiendi* (n° 11).

III. La prohibition des donations entre époux est écartée, quand les prétendus conjoints ont contracté un mariage entaché de nullité radicale; les biens donnés sont alors dévolus au fisc. Cependant, si le donateur est de bonne foi, on lui accorde une revendication utile (n°s 26 et 27).

IV. Le mariage, en droit romain, se forme *solo consensu* entre époux présents; en cas d'absence du mari, il faut, de plus, une sorte de tradition de la femme: si c'est la femme qui est absente, le mariage ne peut se réaliser (n°s 31 et 32).

V. Les donations entre époux à cause de mort, ne peuvent être faites que sous condition suspensive; lorsqu'elles sont effectuées par tradition, elles ont, en principe, un effet rétroactif au jour de la donation (n°s 41 et 44).

VI. Bien qu'en général, celui qui fait une donation à cause de mort puisse renoncer au droit de révocation *ad nutum*, nous croyons cependant que ce principe recevait dérogation quand il s'agissait de donations à cause de mort entre époux, et surtout de donations entre vifs, depuis le Sénatus-consulte de Sévère et d'Antonin Caracalla.

VII. Il n'y a aucune conciliation possible entre la loi 38, § 1, *de solutionibus*, et la loi 3, § 12 h. t. (n° 66).

VIII. Lorsque la femme a reçu d'un tiers l'immeuble du mari et qu'elle le possède *ex justâ causa et bonâ fide*, si plus tard elle reconnaît, avant l'accomplissement de l'usucapion, que le mari est le véritable propriétaire; si, de plus, ce dernier, par une abstention calculée, omet de revendiquer, il y a là une donation entre époux, et par suite, l'usucapion est interrompue (n° 69).

IX. Si, dans l'espèce précédente, le mari seul sait qu'il est propriétaire, et si la femme, au contraire, est de bonne foi, l'usucapion s'accomplit bien au profit de cette dernière, mais le mari, néanmoins, a une *condictio* pour se faire retransférer la propriété de la chose usucapée par la femme (n° 71).

X. La tradition de la chose donnée, par l'un des époux à l'autre, en violation de la prohibition, confère néanmoins au donataire la possession *ad interdicta*.

XI. Le Sénatus-consulte de Sévère et d'Antonin s'applique à toute espèce de donations entre époux, et non pas seulement aux donations *rerum* (n°s 81-83).

XII. Il y avait désaccord entre les jurisconsultes romains, sur la question de savoir si l'action en restitution, des choses données par l'un des époux à l'autre, s'étendait même aux fruits perçus par le conjoint donataire (n° 15).

DROIT ANCIEN.

I. L'ordonnance de 1731 n'abolit pas les donations à cause de mort dans les coutumes qui les autorisaient; elle n'eut d'autre but que de les soumettre aux formalités des testaments ou des codicilles.

II. Le testament mutuel, supprimé par l'ordonnance de 1735, resta néanmoins permis entre époux, comme mode de confirmation du don mutuel, dans les coutumes qui subordonnaient à cette formalité la validité du don mutuel (n° 211).

III. Les donations faites, par l'un des conjoints, aux enfants que l'autre avait eus d'un précédent mariage, étaient prohibées par le droit commun des coutumes et considérées comme faites à personnes interposées ; cependant, l'art. 283, de la coutume de Paris, les autorisait dans le cas où l'époux donateur n'avait pas d'enfant.

IV. L'art. 279, de la coutume de Paris, devait être complété par l'art. 203 de la Coutume d'Orléans ; ces deux articles établissaient, dans l'intérêt des enfants de l'un et l'autre lit, une véritable incapacité, pour la femme remariée, de disposer, au profit de son second mari, des conquêts de la première communauté ; lors, au contraire, que l'aliénation des conquêts avait été faite au profit d'un tiers, elle n'était rescindée qu'en faveur des enfants du premier lit, et jusqu'à concurrence de leur part héréditaire dans ces conquêts (n°s 244-247).

DROIT FRANÇAIS MODERNE.

I. Les donations entre époux sont révoquées de plein droit par la séparation de corps prononcée contre l'époux donataire (n°s 305-310).

II. Les donations, entre époux, de biens à venir par contrat de mariage, ne peuvent être faites au profit des enfants à naître du mariage, en cas de prédécès de l'époux donataire (n° 299).

III. Les donations, entre époux, de biens présents, faites pendant le mariage, ne sont pas caduques par le prédécès du donataire (n° 330).

IV. Les donations de biens à venir sont réductibles, non pas à leur date, mais au jour du décès du disposant ; dans tous les cas, la réduction ne doit les atteindre qu'après l'épuisement des libéralités testamentaires (n° 337).

V. La quotité disponible entre époux ayant des enfants communs, est invariablement fixée par l'art. 1094, quelque soit, d'ailleurs, le nombre des enfants (n°s 369-379).

VI. L'art. 917 n'est pas applicable à la matière des donations entre époux ayant des enfants communs (n° 381).

VII. Lorsque la donation entre époux porte sur la réserve des enfants ou des ascendants, l'époux donataire ne peut être dispensé de fournir caution, mais cette dispense est parfaitement valable pour la portion de la donation imputable sur le disponible ordinaire (n° 385).

VIII. En cas de convols successifs l'époux remarié ne peut donner en tout à ses différents conjoints qu'une part d'enfant le moins prenant sans jamais excéder le quart de ses biens (n° 400).

IX. Les enfants du second lit ont le droit d'intenter l'action en réduction des libéralités excédant le disponible de l'art. 1098 dans le cas où les enfants du premier lit négligent de le faire (n° 414).

X. Lorsque le donateur qui a des enfants d'un précédent mariage a fait à son nouvel époux des libéralités excédant le taux de l'art. 1098, le conjoint donataire a droit à sa part dans les biens retranchés concurremment avec les enfants de l'un et l'autre lits.

XI. Les libéralités déguisées ou faites par personnes interposées sont nulles lors même qu'elles n'excèdent pas le taux du disponible entre époux (n°s 422-427).

XII. La combinaison du disponible ordinaire et du disponible de l'art. 1094 repose sur cette distinction : 1° si le disponible ordinaire est plus grand que le disponible entre époux, il suffit que chaque libéralité se renfermant dans son disponible, leur somme n'excède pas le disponible ordinaire ; 2° si le disponible entre époux est au contraire le plus grand, il faut sous-distinguer la libéralité faite au conjoint consiste-t-elle en propriété, elle s'impute sur le disponible commun et concourt sur ce disponible avec celle qui est faite à l'étranger ; consiste-t-elle au contraire en usufruit, elle s'impute d'abord sur le disponible en usufruit spécialement réservé à l'époux et subsidiairement sur le disponible commun en concours avec les autres libéralités faites à des étrangers (n° 438-455).

HISTOIRE DU DROIT.

I. L'augment de dot prit naissance dans nos pays du Midi par suite de la fusion entre la *donatio sponsalitia* des Romains et le *dotalitium* des Visigoths ; mais il ne devint un gain de survie légal qu'après les voyages des Croisés en Orient qui trouvèrent dans l'Empire grec de Constantinople l'institution de l'hypobolon existant déjà à l'état de gain de survie légal.

II. Le don mutuel n'est pas une institution d'origine celtique, il se rattache aux usages germaniques ; mais c'est sur le sol de France qu'il s'est particulièrement développé et qu'il a acquis les caractères qui lui sont propres (n°s 164-172).

DROIT DES GENS.

I. En l'absence de traité, chaque pays a le droit d'accorder ou de refuser l'extradition des étrangers réfugiés chez lui et prévenus de crimes de droit commun ; dans le cas où l'inculpé est réclamé à la fois par son gouvernement et par celui sur le territoire duquel le crime a été commis, l'extradition peut être accordée indifféremment à l'un ou à l'autre de ces gouvernements, au choix de la nation qui possède le prévenu.

II. La disposition finale de l'art. 2123 du Code Napoléon, n'a trait qu'aux formalités à remplir pour donner en France force d'exécution parée aux jugements rendus en pays étrangers ; la question de savoir si ces jugements ont en France autorité de chose jugée, est encore soumise tout entière aux règles tracées par l'art. 121 de l'ordonnance de 1629.

DROIT PÉNAL.

I. Les soustractions frauduleuses commises par un époux au préjudice de l'autre ne constituent aucune infraction à la loi pénale ; l'art. 380 C. P. ne contient pas seulement une simple exemption de la peine, il supprime le délit lui-même ; l'action civile en réparation du dommage causé subsiste seule.

II. L'action civile résultant d'un crime, d'un délit ou d'une contravention, se prescrit par le même laps de temps que l'action publique, sans qu'il y ait à distinguer si elle est intentée directement devant les tribunaux civils ou si elle est jointe à l'action publique devant les juridictions de répression.

DROIT COMMERCIAL.

I. L'art. 55, alinéa 1er, de la loi du 24 juillet 1867, établit un système de publicité surabondant quand il s'agit de sociétés en nom collectif ou de commandites simples ; pour ces dernières sociétés, en effet, il suffirait de déposer un extrait contenant les différentes clauses que les tiers ont intérêt à connaître ; la publication intégrale de l'acte de société ne devrait être exigée que pour les sociétés par actions dans lesquelles le premier venu peut, d'un jour à l'autre, devenir associé.

DROIT ADMINISTRATIF.

I. C'est à tort que l'Administration de l'Enregistrement perçoit, sur les donations entre époux de biens présents faites pendant le mariage, un droit fixe au jour de la donation et un droit proportionnel au jour du décès du donateur ; le droit proportionnel devrait être perçu immédiatement comme pour toutes les transmissions de propriété entre vifs (n°ˢ 356 et 357).

Vu par le président de l'acte public
pour le doctorat.
Nancy, le 10 mars 1868.
A. DE LA MÉNARDIÈRE.

Vu par le Doyen de la Faculté,
Nancy, le 10 mars 1868.
PH. JALABERT.

Vu, permis d'imprimer :
Nancy, le 11 mars 1868.
Le Recteur de l'Académie,
GUILLEMIN.

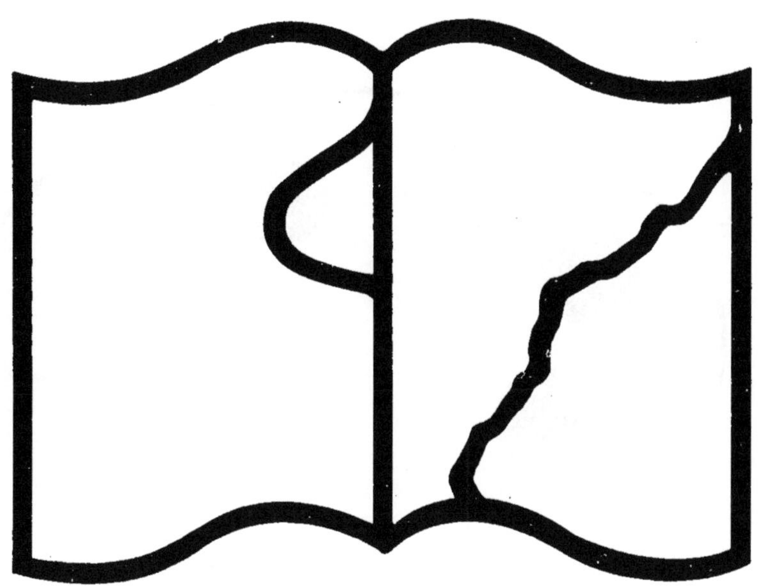

Texte détérioré — reliure défectueuse

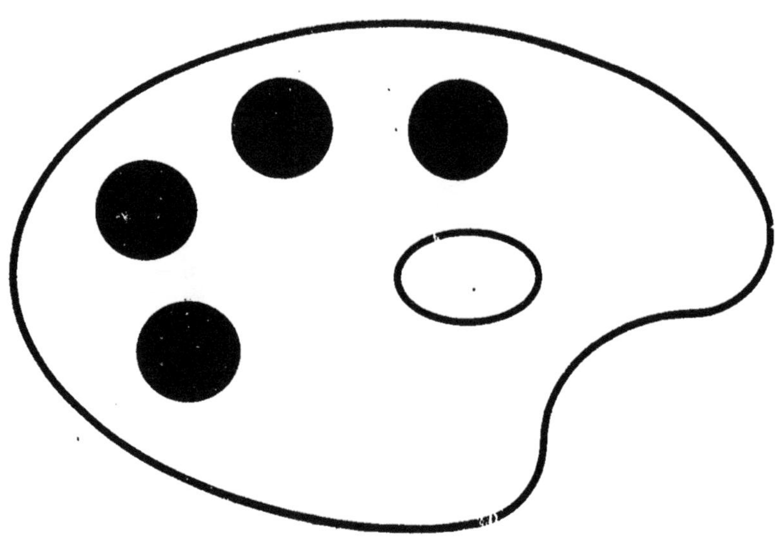

Original en couleur